**Não ponha
um ponto final
onde Deus
pôs uma vírgula**

Shiva Ryu

Não ponha um ponto final onde Deus pôs uma vírgula

Traduzido por Margarida Pacheco Nunes

SEXTANTE

Título original: 좋은지 나쁜지 누가 아는가
Good or Bad, Who Knows?
Copyright © 2019 por 류시화 (Shiva Ryu)
Copyright da tradução © 2024 por GMT Editores Ltda.
Publicado originalmente por The Forest Book Publishing Co.

Publicado mediante acordo com The Forest Book Publishing Co. através da BC Agency, Seoul & A.C.E.R. Agência Literária, Madri.

Todos os direitos reservados. Nenhuma parte deste livro pode ser utilizada ou reproduzida sob quaisquer meios existentes sem autorização por escrito dos editores.

coordenação editorial: Alice Dias
produção editorial: Livia Cabrini
preparo de originais: Ângelo Lessa
revisão: Ana Grillo e Hermínia Totti
diagramação: Guilherme Lima e Natali Nabekura
capa: Marta Teixeira
imagem de capa: Juliautumn/ Shutterstock
impressão e acabamento: Associação Religiosa Imprensa da Fé

CIP-BRASIL. CATALOGAÇÃO NA PUBLICAÇÃO
SINDICATO NACIONAL DOS EDITORES DE LIVROS, RJ

R995n

    Ryu Shiva, 1959-
        Não ponha um ponto final onde Deus pôs uma vírgula / Shiva Ryu ; tradução Margarida Pacheco Nunes. - 1. ed. - Rio de Janeiro : Sextante, 2024.
        208 p. ; 21 cm.

        Tradução de: 좋은지 나쁜지 누가 아는가
        ISBN 978-65-5564-901-7

        1. Espiritualidade. 2. Fé. I. Nunes, Margarida Pacheco. II. Título.

24-91634
        CDD: 234.23
        CDU: 27-184.3

Meri Gleice Rodrigues de Souza - Bibliotecária - CRB-7/6439

Todos os direitos reservados, no Brasil, por
GMT Editores Ltda.
Rua Voluntários da Pátria, 45 – 14º andar – Botafogo
22270-000 – Rio de Janeiro – RJ
Tel.: (21) 2538-4100
E-mail: atendimento@sextante.com.br
www.sextante.com.br

Sumário

Prólogo: Autor da sua própria vida   9

Parte 1   13
O estúpido que pega chuva   15
Um pássaro voa mesmo quando não sabe onde irá pousar   20
Não dê tanta importância a isso!   25
Um mantra para a vida   31
Ao enumerar suas bênçãos, não deixe suas feridas de fora   36
Deus escreve certo por linhas tortas   41
Todo ser vivo sente dor   44

Parte 2   49
Quem pode ter certeza se algo é bom ou ruim para a sua vida?   51
Por que você me dá apenas isto?   54
A arte de fazer milagre   58

A aula de híndi	62
Meu aluno preferido	66
A torre de pedra de C. G. Jung	69
Você não é perfeito, mas pode me oferecer uma rosa perfeita	76

Parte 3 — 81

Sobre enterrar e plantar	83
Gosto mais de mim quando estou com você	87
Quem sou eu quando ninguém está me observando?	90
A criança interior	94
"Eu" é pronome ou verbo?	100
Olá, minha alma querida, está tudo bem?	106
O reencontro – um milagre	110

Parte 4 — 115

Qualquer que seja o caminho que você percorra, incorpore-se a ele	117
Pureza linguística – pura ficção	121
Não pense em macacos	124
Seja bem-vinda, emoção!	131
Sobre a dívida cármica, ou *lenchak*	135
Uma história de maçãs	139
A morte do bulbul-de-orelha-castanha	143

Parte 5 — 147

Nenhum encontro acontece por acaso — 149
Você verá o desabrochar das flores — 154
Seis bilhões de mundos — 158
Fadiga por compaixão — 162
Não adianta se preocupar — 166
Por que eu sou eu, e não você? — 171
Sou eu — 176

Parte 6 — 179

Uma única frase verdadeira — 181
O homem que dobrou o paraquedas — 185
Eu, o original; você, a falsificação — 189
A estrela que brilha também se apaga — 194
Aquilo que você procura na verdade procura você — 199

Epílogo: Uma dádiva dos céus — 205

Prólogo
Autor da sua própria vida

O monte Kailash, no planalto tibetano, é um local de peregrinação para diversas religiões. Reza a lenda que o deus Shiva mora em seu extraordinário cume nevado. Passa grande parte do tempo meditando e praticando exercícios ascéticos, por isso não é de admirar que sua esposa, a deusa Parvati, se sinta constantemente entediada.

Certo dia, não aguentando mais, Parvati pediu ao marido:
– Conte-me uma história empolgante, por favor.
– Contarei, se é o que deseja – respondeu Shiva.
– Mas tem que ser uma história muito especial, específica para mim. Precisa ser totalmente inédita, que nenhuma alma deste mundo tenha escutado até hoje – exigiu ela.

Shiva concordou e começou a contar uma história repleta de significado e ensinamentos. Parvati ficou tão empolgada que pediu uma segunda história antes mesmo de Shiva terminar a primeira.

Shiva então contou outra história, depois outra e mais outra. Só parou quando as pálpebras de Parvati começaram a pesar e ela pegou no sono.

Mas Parvati não tinha sido a única a escutar o relato de Shiva. Em dado momento um criado tinha ido entregar ao deus uma mensagem e, ao ouvi-lo falar, parou à porta antes de abri-la. Ficou tão fascinado com o que ouvia que não resistiu à tentação de continuar escutando escondido. Encostou a orelha na porta e também ouviu todas as histórias. Em seguida, correu para casa e passou a noite inteira desfiando todas aquelas narrativas cativantes para sua mulher, como se ele próprio as tivesse inventado.

A mulher do criado, por sua vez, era criada de Parvati. Na manhã seguinte, enquanto escovava o cabelo da deusa, começou a contar as histórias que ouvira do marido na noite anterior.

Assim que a mulher pronunciou as primeiras palavras, Parvati se levantou e, furiosa, foi até Shiva e perguntou:

– Você não prometeu que me contaria histórias que ninguém no mundo ainda tivesse ouvido?

– Sim, prometi e cumpri a promessa – respondeu Shiva, apreensivo.

– Então, como até a minha criada as conhece?

Shiva chamou a mulher e pediu explicações:

– Quem lhe contou essas histórias?

– Foi o meu marido – respondeu ela, gaguejando.

O marido foi chamado imediatamente. Com as pernas bambas, confessou:

– Na verdade, ontem à noite eu estava vindo lhe trazer uma mensagem e acabei ficando parado à porta, escutando as histórias. Não fiz com má intenção, mas a primeira que ouvi foi tão interessante que não pude deixar de escutar as outras. Simplesmente não consegui me afastar dali até o final.

Shiva se acalmou, mas ordenou ao criado:

– Se é assim, você vai descer o monte Kailash, vagar pelo mundo dos homens e contar a todos as histórias que ouviu. E nunca mais pense em voltar aqui!

O criado foi expulso do templo no alto dos Himalaias e, desde então, percorre o mundo contando as histórias de Shiva.

A meu ver, os escritores têm o mesmo destino do criado de Shiva: narrar histórias sempre novas e interessantes – histórias carregadas de sentido, criadas para mostrar o caminho para a iluminação. E precisam instigar o leitor a querer descobrir a segunda história após terminar a primeira. Cada um de nós é autor de sua própria vida. Só nós mesmos podemos saber que histórias a nossa existência escreve a cada momento, o que elas significam e se elas são empolgantes o bastante para nos fazer virar a próxima página.

Que a leitura deste livro lhe proporcione momentos de alegria!

— SHIVA RYU

Parte 1

Se o que nós queremos é viver a vida em busca de certezas e seguranças, então estamos no planeta errado. No momento em que nos agarramos às certezas, a vida nos atira em um precipício. Se o destino nos derruba, é porque está na hora de iniciarmos uma vida nova. A perda e a despedida sempre têm um sentido – Deus escreve certo por linhas tortas.

O estúpido que pega chuva

Eu estava no último semestre da faculdade quando um amigo me falou de um alojamento muito barato numa casa administrada por uma comunidade religiosa perto da província de Gyeonggi, na Coreia do Sul. Aluguei sem ir ver primeiro. Era um quarto minúsculo num imóvel caindo aos pedaços, mas o sol entrava pela janela de forma agradável e eu podia fechar a porta e ficar sozinho. Além disso, perto dali corria um rio, o que, para mim, que na época fazia faculdade de Letras, representava uma dádiva dos céus. À noite eu escrevia poemas e de dia passeava pelas redondezas, em vez de ir às aulas.

Infelizmente, minha sorte não durou muito tempo. Os vizinhos tinham um pé atrás comigo. Para eles, eu era um estranho cabeludo que andava de casaco preto mesmo no verão (o quartinho era frio), caminhava por suas paisagens sagradas e falava sozinho como um louco (eu recitava poemas). Certo dia, de manhã bem cedo, fui surpreendido pela chegada de várias pessoas juntas. Elas entraram no meu quarto sem tirar os calçados, como se aquele não fosse um lugar sagrado ou inviolável, e exigiram que eu fosse embora da comunidade imediatamente.

Com toda a educação, expliquei que havia pagado alguns meses de aluguel antecipadamente e que, por isso, tinha o direito de permanecer ali. Quase num tom de súplica, acrescentei que, se fosse possível, gostaria de ficar por mais tempo, pois adorava a região. Confessei ser poeta, mas isso piorou bastante a situação. Como estavam furiosos, em vez de "Shiin" ("poeta" em coreano), eles entenderam "Shin" ("Deus"). Na mesma hora começaram a gritar: "Você é o diabo! Vá embora daqui imediatamente!" Uma mulher chegou a apontar para o céu e gritar que eu devia temer a ira de Deus.

Ser chamado de "diabo" foi como uma punhalada no meu coração. Ao longo da faculdade eu havia escrito pouquíssimos poemas bons, e agora tinha que deixar o quarto sem sequer reaver o dinheiro dos aluguéis antecipados. Para outros aquele valor não era nada, mas para mim era tudo. As pessoas ficaram ali, de braços cruzados, sem tirar os olhos de mim enquanto eu arrumava as coisas para ir embora. Na verdade, para eles eu não passava de um estranho que se intrometera na comunidade deles sem ser convidado. A sensação era de que ninguém no mundo me queria por perto.

Mas Deus não havia se esquecido de mim. Sem casa e sem ter a menor ideia de onde ficar, eu peguei uma estrada de terra e por acaso deparei com um colega de grupo de teatro que morava na região. De início, quando me viu andando sem rumo, carregando um monte de livros e uma manta dobrada, ele ficou desconfiado. Meu aspecto destoava daquela paisagem maravilhosa. Mas ao descobrir o que havia acontecido e perceber que eu estava exausto, ele me levou à sua casa e me ofereceu um copo de água com mel. Em seguida, andou pela vizinhança para perguntar se alguém poderia me hospedar.

Graças a ele, consegui alugar um barracão no meio de um milharal à margem de um rio. Ali eu me sentia seguro, pois estava distante do vilarejo – o que diminuía o risco de ser expulso novamente – e tinha um amigo nas redondezas. Quando eu precisava ele me oferecia um copo de água com mel. Eu não tinha motivos para me queixar da nova moradia, a não ser a falta de eletricidade. Tive que me contentar com a luz de velas. À noite, eu contemplava a dança das chamas ou escrevia poemas. De dia, dava longos passeios recitando versos de Rimbaud ou de Mallarmé.

Era época das monções de verão. Certo dia, nuvens carregadas se aproximaram da área, e começou a trovejar. De início pensei que não passaria de ameaça, mas no fim da tarde abriram-se as comportas do céu. A chuva batia com força no telhado, a ponto de me impedir de dormir. No meio da madrugada, abri a porta e tomei um susto: a chuva torrencial fazia o nível da água subir sem parar. O milharal e o barracão pareciam prestes a ser tragados pelo rio. Estava escuro e ainda faltava um bom tempo para amanhecer, mas as águas caudalosas subiam tão rápido e formavam uma espuma tão terrível que fiquei apavorado.

Tudo isso estava acontecendo num momento da minha vida em que o chão desaparecia sob os meus pés. Eu estava prestes a terminar a faculdade, mas o que viria a seguir parecia ser um desafio ainda maior do que tudo o que vivera até então. Eu não tinha meta para o futuro. E ali estava eu, diante daquele rio bravo que ameaçava me carregar.

Minha situação era desesperadora. O pânico tomou conta de mim, mas só eu poderia me ajudar e me libertar dos meus medos. E foi ali, à porta do velho barracão, vendo o rio se aproximar, que me ocorreu um pensamento: "Eu sou um poeta!"

E de repente me dei conta de que eu precisava sobreviver a tudo o que estava acontecendo para poder escrever sobre aquilo. Isso despertou meu desejo de viver.

Existe algo mais apropriado a um poeta do que escrever poemas à luz de velas, no meio de uma tempestade? Eu só sobrevivi à escuridão da noite, totalmente sozinho, à margem daquele rio transbordante e correndo o risco de pegar uma pneumonia na chuva por ser poeta. Em seu livro *Escrevendo com a alma*, Natalie

Goldberg afirma que, quando cai uma chuva, o ser humano normal abre o guarda-chuva ou corre com um jornal sobre a cabeça para algum lugar seco; só um escritor é estúpido o bastante para ficar sob a chuva. Em vez de tentar se proteger ou de correr para um lugar abrigado, o poeta observa as gotas da chuva, fascinado com os padrões que elas formam ao cair nas poças. Esse é o momento de contemplação do poeta.

Naquela noite, sozinho à margem do rio que subia sem parar, sentindo o chão literalmente desaparecer sob meus pés, decidi que pararia de fugir. Decidi deixar as grossas gotas de chuva caírem no meu rosto para fazer jus à minha vocação de escritor. Desde então, o desassossego e a solidão se transformaram em adjetivos e advérbios nos meus poemas. Naquele momento, eu me senti verdadeiramente o Deus do meu pequeno mundo.

Em *O alquimista*, de Paulo Coelho, Santiago se opõe ao desejo do pai, pede permissão para se tornar pastor de ovelhas e parte em busca do tesouro que viu num sonho. Porém, em Tânger, Marrocos, é trapaceado e perde todo o dinheiro que obteve com a venda das ovelhas. Ali estava ele, no meio de um mercado numa terra estranha, sem dinheiro, furioso e desesperado. Sem um centavo sequer.

Mas em dado momento ele muda a forma de enxergar a situação, deixa de se ver como vítima de um vigarista. Agora é um aventureiro que está ali de passagem, que sabe que para encontrar seu tesouro precisa passar por esse tipo de provação. Com isso, recupera a coragem e o prazer de viajar. Ele sai fortalecido e enfrenta o momento presente, em vez de pensar naquilo que perdeu.

Às vezes a vida nos reserva coisas muito piores do que um vigarista. Quando isso acontece, nos sentimos como uma alma que precisou fazer um pouso de emergência num planeta estranho e não sabe para onde ir. Santiago inveja o vento, que pode voar para qualquer lado com toda a liberdade, e então percebe que nada pode detê-lo em sua aventura.

Quando amamos nossa vocação, amamos o mundo. Naquela noite, quando saí do abrigo e fiquei debaixo da chuva, recitei poemas com todo o meu coração. Naquele momento, ficou claro para mim que não sou uma pessoa desorientada ou um demônio que foi escorraçado por um grupo de religiosos. Sou um poeta. As gotas de chuva que batiam no meu rosto, as rajadas de vento que faziam os pés de milho farfalharem, até a cal que escorria pelo parapeito – de repente, eu sentia tudo isso como uma bênção. Também entendi que nem todos são abençoados por um momento desses, repleto de poesia.

Era isso que a vida queria me dizer. O que vivi naquela noite nunca mais saiu do meu pensamento. Não importa onde eu esteja nem o que aconteça, só preciso me lembrar de que sou poeta, e com isso sou capaz de encarar tudo de peito aberto. Aquele momento foi um presente da vida. Graças a ele consigo escrever e manter o foco em tudo o que é verdadeiramente belo e precioso na existência.

Um pássaro voa mesmo quando não sabe onde irá pousar

Após a morte de seu marido, uma mulher precisou criar a filha sozinha. Quando a menina finalmente chegou à idade adulta, não conseguiu encontrar emprego, e a mãe, que estava doente demais para trabalhar, teve que começar a vender seus pertences. A certa altura só lhe restava uma peça: um colar de ouro com uma safira, herança da família do marido.

Por mais que a mãe adorasse o colar, tinha chegado o dia de se separar dele. Então, pediu que a filha o levasse ao melhor ourives da cidade. O homem analisou cuidadosamente a joia e perguntou à jovem por que queria vendê-la. Ela contou as dificuldades financeiras que vinha enfrentando com a mãe.

O ourives balançou a cabeça e disse:

– O preço do ouro hoje está muito baixo. Não é um bom momento para vender o colar. Melhor esperar.

Ele emprestou dinheiro à moça e pediu que ela voltasse à joalheria no dia seguinte, onde ela poderia começar a trabalhar como assistente e ganhar dinheiro para sustentar a si mesma e a mãe.

E foi assim que a moça começou a trabalhar na joalheria, e entre outras coisas aprendeu a avaliar joias. O ourives estava contente, e sempre que olhava para ela abria um sorriso. Certo dia, ele disse à moça:

– Como você sabe, o preço do ouro tem subido nos últimos

tempos. Fale com a sua mãe. Este é um bom momento para vocês venderem o colar com a safira.

A moça voltou do trabalho para casa e deu a notícia à mãe. Naturalmente, analisou melhor o colar antes de levá-lo para a loja e reparou que, na verdade, a peça era apenas banhada a ouro e que a safira tinha fissuras. Ou seja, o colar era de qualidade inferior.

– Por que não trouxe o colar? – perguntou o ourives na manhã seguinte.

– Não valia a pena. O senhor me ensinou a avaliar joias. Então, ontem eu o analisei em casa, e bastou eu bater os olhos nele para perceber que não é valioso. Por que não me disse quando eu o trouxe aqui pela primeira vez? Tenho certeza de que o senhor percebeu.

Com um sorriso, o ourives respondeu:

– Naquele dia, você teria acreditado se eu tivesse dito que o colar não tinha valor? Provavelmente, você ficaria desconfiada e imaginaria que eu estava querendo me aproveitar da sua situação para comprar o colar por uma pechincha. Ou então teria ido de joalharia em joalharia, na vã esperança de conseguir um preço melhor. Talvez ficasse desesperada, a ponto de perder a vontade de viver. O que ganharíamos se eu tivesse lhe contado a verdade? Certamente hoje você não seria uma especialista em joias. Agora, porém, tem muito conhecimento sobre ouro e pedras preciosas, e eu ganhei a sua confiança.

Usar a própria experiência para aprender a distinguir o verdadeiro do falso tem mais valor do que qualquer conselho alheio, por melhor que seja. Uma pessoa que aprende a discernir a partir das suas próprias vivências não desperdiça tempo desconfiando dos outros nem caindo em desespero. Simplesmente segue seu caminho. Mas, para isso, não podemos incomodá-la com conselhos precipitados ou lugares-comuns inúteis. Os conhecimentos que não alcançamos por nós mesmos são como asas que não conseguimos abrir. Os problemas da vida têm de ser resolvidos à luz da nossa própria vivência.

Numa das primeiras vezes que fui aos Himalaias para praticar *trekking*, minha ideia inicial era subir até o vilarejo de Langtang, no Nepal. Os meses de outubro e de novembro eram ideais para esse tipo de expedição, mas estávamos em janeiro, e foi nesse mês que eu, o turista cabeludo, desfiz minha mala num albergue em Katmandu. Para minha alegria, no Nepal cruzei com um conhecido que era alpinista profissional. Expliquei meu plano: numa semana, ir e voltar de Syabrubesi, subindo até o vilarejo de Kyanjin Gompa, a 3.800 metros de altitude. Na expedição anterior, eu havia contado com a ajuda de um guia xerpa e levara muita bagagem. Dessa vez quis levar pouco peso – só uma mochila com o essencial. Eu já havia feito várias excursões do tipo e me sentia bem preparado, transbordando confiança.

Quando contei ao meu amigo que não levaria saco de dormir, ele ergueu as sobrancelhas, mas não disse nada. Limitou-se a assentir com a cabeça.

A expedição a Langtang foi um fiasco. O caminho era consideravelmente mais perigoso e desafiador do que eu imaginara. Como não tinha um guia xerpa, me perdi diversas vezes. Em vez de uma semana, como havia planejado, levei dez dias, e os moradores locais que fui encontrando pelo caminho ficavam horrorizados ao me ver. Eu estava vestido como se fosse subir o morro atrás da minha casa. Quando eu parti de Syabrubesi parecia uma pessoa civilizada.

Foi uma experiência especialmente penosa. Desde então, fui mais de vinte vezes aos Himalaias, mas o caminho para Langtang foi o que mais marcou a minha memória. Não só pela paisagem, com os picos nevados de Ganesh Himal, que encantaram meus olhos e minha alma; ou pelo frio quase insuportável, que me levou a parar numa loja e comprar um casaco forrado, um par de luvas e um gorro de lã de iaque; mas sobretudo pelo carinho inesquecível da prestativa gente local. No inverno, era impossível acampar na montanha sem saco de dormir, por isso os donos de uma estalagem me deixaram pernoitar na cozinha, ouvindo o crepitar da lenha no forno de barro. Conversei muito com os moradores da região, e essa troca tornou a expedição muito especial.

Cheguei de volta a Syabrubesi com o rosto completamente queimado pelo sol implacável das altas montanhas e os lábios feridos. Eu quase não tinha forças. Ao mesmo tempo, porém, nunca havia sentido o espírito tão renovado nem o olhar tão radiante. Foi nesse estado que reencontrei meu amigo nepalês, o alpinista profissional.

– Por que você não me avisou? – perguntei. – Por que não me falou que eu não estava bem equipado? Você conhece a região de Langtang como a palma da mão!

– Porque é melhor você aprender com a própria experiência. Esta não vai ser a sua última expedição. Eu sabia que, pelo caminho, você conseguiria tudo de que precisava. E também sabia que de um jeito ou de outro você resolveria todos os seus problemas.

Viver não é escutar as explicações dos outros. Viver é experimentar tudo você mesmo. É assim que nos livramos do que não é bom nem verdadeiro dentro de nós. Se o meu amigo não tivesse sido comedido em seus conselhos, a expedição a Langtang não teria ficado tão marcada na minha memória. Tenho certeza de que meu caminho estava predestinado. Ali, aprendi a não basear a minha vida nos conselhos de pessoas experientes, e sim a me lançar, sem hesitação, no imprevisível. Hoje em dia, sempre que eu entro num território desconhecido, quem me acompanha é a vida, e não um guia xerpa. Agora sei que a vida vai me oferecer a solução. Como diz um dos meus provérbios prediletos, "um pássaro voa mesmo quando não sabe onde irá pousar". Mas sempre aprende a voar.

Não dê tanta importância a isso!

Numa viagem pela província indiana do Ladaque, um homem chegou à cidade de Leh, a 3.500 metros de altitude. No albergue, viu outro aventureiro com um aparelho de oxigênio portátil e uma máscara respiratória. Nesse momento teve seu primeiro contato com a doença da altitude, da qual até então só ouvira falar. Seu quarto ficava no segundo andar, e ele tinha enorme dificuldade para subir a escada. Em pouco tempo começou a sentir dor de cabeça e tontura. Após o jantar, piorou.

O dono do albergue garantiu que ele só precisava descansar mais um dia, então começaria a se sentir melhor. Porém, quanto mais tempo permanecia naquela altitude, pior ficava a dor de cabeça e mais fraca era sua pulsação. O aparelho de oxigênio, que ele havia alugado por uma quantia vultosa, não lhe proporcionava alívio algum. Cada hora que passava, o homem sentia mais medo da doença da altitude. Ao terceiro dia, pediu que chamassem um médico, que fez uma análise minuciosa do nível de oxigênio em seu sangue, concluiu que ele sofria de um simples problema digestivo e prescreveu vários medicamentos. Mesmo assim, o homem não conseguiu se livrar do medo.

Acabou passando a semana em que programara passear dentro do quarto, de cama. Foi transportado de avião de volta para o vale, onde a altitude era bem menor. Tempos depois me contou que outros viajantes disseram que seus sintomas não tinham sido tão graves, que todo mundo sentia os efeitos da altitude. Olhando para trás, ele se deu conta de que tinha sido estúpido. Em Leh, ele ficara convicto de que seu problema era grave. Todos nós sabemos que a psique humana costuma nos colocar num estado de agitação interna que nos faz superdimensionar o que acontece no exterior. Que desperdício de tempo e energia! Vamos supor que alguém lhe peça: "Sente-se aí, feche os olhos e pense em tudo, menos num papagaio amarelo." Assim que você fechar os olhos vai ver o papagaio amarelo. E ele não vai sair do seu pé – você vai pensar nele a todo momento, durante o trabalho, no almoço, etc. Ele vai aparecer até nos seus sonhos. Você é o único responsável por transformar o papagaio num monstro.

Já passava da meia-noite quando cheguei pela primeira vez a Chennai, no sul da Índia. Chovia torrencialmente, apesar de estarmos em dezembro, época de seca. Para chegar ao hotel, peguei um riquixá motorizado, aquele veículo que é uma espécie de carroça puxada por moto – ou mesmo por bicicleta ou por um homem a pé –, muito utilizada pelas pessoas mais pobres na Índia. O pano que cobria a cabine não resistiu à chuva. Em 100 metros eu já estava completamente encharcado, e minha mochila parecia tirada de dentro d'água.

Eu nunca tinha visto cair tanta chuva em tão pouco tempo. As rodas do riquixá estavam totalmente submersas, e eu não sabia por onde estávamos passando, mas o condutor do veículo seguia corajosamente em frente. A chuva caía tão forte que não consegui afastar a sensação de que ela estava apontada para nós. As ruas estavam quase desertas, e quando passávamos por alguém eu não conseguia distinguir se era uma pessoa ou uma vaca. O velho condutor viu que eu estava me segurando com as duas mãos no apoio, percebeu meu medo e me tranquilizou:

– Nada de especial. Não se preocupe!

(No sul da Índia essas tempestades são comuns, mesmo em dezembro, pois nessa região a época das chuvas é muito prolongada.)

As palavras do condutor me fizeram mudar de perspectiva, e o turbilhão de pensamentos dentro da minha cabeça perdeu força na hora. De repente, pensei: "Eu estou viajando! Se não fosse aqui, num país com esse clima úmido, onde mais poderia eu vivenciar uma tempestade dessas?" Quando entrei no meu quarto de hotel, estendi a roupa molhada e tudo que estava dentro da mochila, depois fui me deitar. Na manhã seguinte, ao acordar e abrir a janela, vi um céu sem nuvens e, lá embaixo, na rua, o carrinho de um vendedor de bananas avançando aos solavancos.

Quando nos libertamos dos pensamentos obsessivos, o espírito e o coração se abrem. Costumamos dar importância demais aos problemas momentâneos, e enquanto os enfrentamos não temos um minuto de sossego para desfrutar a beleza da vida. Sob a pressão dos pensamentos, permitimos que um único acontecimento monopolize a nossa atenção. Com isso, os problemas que precisamos resolver se transformam em verdadeiros monstros que nos distanciam ainda mais de tudo que é verdadeiramente importante. Abrir o coração, aceitar – essa é a chave para uma vida espiritual.

Há pouco tempo, estive com um amigo indiano que veio à Coreia. Tomamos um chá e ele me falou de seu tio Patak, que também conheço. Patak havia sofrido uma hemorragia aguda e precisava urgentemente de uma transfusão de sangue. Por ter um tipo sanguíneo incomum, foi difícil achar um doador compatível, mas felizmente encontraram um a tempo. A transfusão correu sem dificuldades, Patak ficou bem e pôde retomar a vida normal.

No entanto, meses mais tarde, surgiu um novo problema. Patak era hindu ortodoxo e começou a se perguntar: "Quem foi o doador do sangue? Será que pertence a uma casta superior, como eu, ou a uma casta inferior? E se foi um intocável? Ou um muçulmano? Ou até um criminoso?"

Patak ficou tão preocupado com a origem do sangue que corria pelas suas veias que começou a ter crises de taquicardia e a suar frio. Tinha esquecido que o médico garantira que não haveria qualquer tipo de complicação causada pelo sangue doado. A certa altura Patak ficou tão estressado com o assunto que começou a fazer psicoterapia. Mas nada ajudava. Ele estava convencido de que a taquicardia, a agitação interna e o cansaço tinham a ver com o DNA e a hemoglobina do doador desconhecido. Furioso, ligou para todas as entidades possíveis e exigiu a promulgação de uma lei que proibisse pessoas de castas inferiores de doar sangue a pessoas de castas superiores.

Era pouco provável que Patak voltasse a levar uma vida normal. Ele havia esquecido o alívio de ter sobrevivido a um problema de saúde que quase o matara. Patak se esforçava ao máximo para piorar a situação, e o mundo reagia atirando mais problemas na direção dele. O mestre da criação de problemas acabou perdendo a oportunidade de aproveitar a vida nova que recebera de presente.

Isso me faz lembrar da seguinte fábula:

– Sabe quanto pesa um floco de neve? – perguntou um chapim-real a um pombo silvestre.

– Não pesa quase nada – respondeu o pombo.

– Então vou lhe contar uma história incrível que aconteceu comigo! Eu estava pousado no galho de um pinheiro quando começou a nevar um pouco. Não ventava. Era uma neve suave, como num sonho. Eu não tinha nada para fazer, por isso comecei a contar os flocos de neve que caíam no galho em que eu estava. Tinha contado exatamente 3.741.952 flocos de neve quando o floco seguinte desceu pairando, e qualquer um que o visse pensaria que ele não pesava quase nada. Mas quando o floco pousou, o galho se partiu.

Quantos flocos de neve estão acumulados neste momento no meu espírito? Não há nada mais capaz de nos derrubar do que nossos próprios pensamentos. Assim que encontra a solução para um problema, a cabeça inventa mil novos. Para criar problemas, todos temos a imaginação dos grandes contadores de histórias. Quando encerramos a guerra interna que travamos contra os nossos pensamentos, abre-se um novo mundo à nossa frente.

Uma mulher foi diagnosticada com câncer em estágio terminal. Ficou em estado de choque e caiu em depressão. Ao ser visitada por seu mestre espiritual, pediu um conselho.
– Não dê tanta importância a isso! – disse ele.
Ter câncer já era uma situação ruim o bastante, e com esse conselho o mestre espiritual queria alertá-la de que não se torturasse, pois isso só pioraria a situação. A mulher, que sempre havia levado uma vida espiritualizada, compreendeu o conselho do mestre e reencontrou o caminho para o equilíbrio interior. Reconheceu que o câncer era apenas parte dela, que a doença não a definia.
Para espanto das pessoas próximas, de repente a mulher se tornou muito mais ativa. A energia até então investida na luta contra o medo agora estava disponível como força vital. Em vez de passar o tempo todo pensando no câncer, ela passou a se dedicar ao processo de cura.
Quando aceitamos e nos reconciliamos com nossos problemas, eles diminuem, ao passo que nós crescemos. Somos muito maiores do que os nossos problemas.
"Não dê tanta importância a isso!" Devemos ter essa frase

sempre em mente, independentemente de "isso" ser algo bom ou ruim.

Mas não devemos dar esse conselho a qualquer um, indiscriminadamente. Se dissermos isso a alguém que está radiante por alcançar um grande feito ou a alguém que acabou de sofrer um revés, provavelmente a pessoa vai se afastar de nós ou romper a amizade. Ou seja: só devemos dar esse conselho a nós mesmos. Essa é a única situação em que ele faz todo o sentido.

Um mantra para a vida

– Está uma delícia, está uma delícia! – era o mantra que uma conhecida minha dizia sempre antes de começar a comer. Ela falava com um leve sorriso no rosto, mas ao mesmo tempo num tom sério, como se polvilhasse *masala* na comida para realçar o sabor. Dizem que ela fazia o mesmo em casa, enquanto cozinhava.
– Você acredita mesmo que, se a comida estiver ruim, vai melhorar só porque você disse que ela está uma delícia? – perguntei certa vez.
– É claro que vai melhorar! Esse mantra é poderoso! – respondeu ela.
Em dado momento me deixei contagiar. "Vocês são as batatas-doces mais lindas do mundo, vocês são as batatas-doces mais lindas do mundo!", murmurava enquanto preparava as batatas-doces mais normais do mundo. E tenho a sensação de que o mantra funciona mesmo. Claro, trata-se de uma espécie de auto-hipnose, mas seria insensato dizer que não funciona. Está comprovado que a origem do paladar não está na comida em si, mas no cérebro. Por exemplo, o mel não é doce, é o nosso cérebro que nos ilude. Faz parte de uma espécie de estratégia de sobrevivência. A auto-hipnose desempenha um papel fundamental na percepção do paladar.
Tempos depois minha conhecida foi morar na Nova Zelândia, e consigo imaginá-la do outro lado do mundo sussurrando seu

encantamento para uma iguaria local: "Está uma delícia!" O prato começará a brilhar e tudo o que estiver nele será delicioso...

Mantra é uma palavra que deriva de *manas* (mente) e *tram* (instrumento), do sânscrito, e pode ser traduzida por "instrumento da mente". No trabalho com os mantras, a repetição de uma sílaba, palavra ou frase produz uma vibração forte, até que a ideia contida adquire uma força superior, quase sobrenatural.

Dez anos atrás, Renata, uma amiga polonesa, teve que enfrentar grandes desafios na vida ao mesmo tempo. Primeiro, precisou pedir demissão do cargo de professora pois não conseguia suportar a inveja e a hostilidade dos colegas; depois, sua malformação cardíaca congênita piorou, e ela teve que se submeter a uma cirurgia complexa no coração; além de tudo, Renata precisou tomar uma decisão importante para pôr sua vida de volta nos trilhos antes que fosse tarde demais.

– *Wszystko będzie dobrze!* – dizia ela em todas as situações, o que, em polonês, significa "Vai ficar tudo bem!". Esse mantra a amparava e acabou se tornando realidade. Depois de um tempo Renata foi convidada a lecionar em outra universidade, onde as condições de trabalho eram melhores do que naquela em que trabalhara. A cirurgia cardíaca foi um sucesso, e graças à importante decisão que se convenceu a tomar, ela finalmente conseguiu começar a vida nova com a qual só havia sonhado até então. Renata seguia a máxima que havia lido um dia na parede de um centro de meditação: "Não ponha um ponto final onde Deus pôs uma vírgula."

Muito tempo atrás eu vivenciei algo do tipo durante a estadia num *ashram* na Índia. Na época eu sentia uma forte agitação interior. No meio da meditação saía correndo da sala, atravessava a vizinhança seminu ou entrava num trem e ali ficava, por mais de trinta horas, até chegar ao outro lado do continente, depois voltava. Não comia nada, estava magro como um cão faminto. Sentia-me à beira da loucura. Cada vez que eu surtava uma amiga que conhecera no *ashram* me dizia: "Está tudo bem. Pare de pensar nisso."

Certa vez, quando voltei de uma dessas viagens e me encontrei com minha amiga, ela me levou a um restaurante próximo, pagou uma refeição para mim e disse: "Está tudo bem. Pare de pensar nisso." Nesse momento provavelmente eu parecia um fantasma, tanto física como espiritualmente.

Não era eu que estava com fome, e sim minha alma. "Está tudo bem." Acho que eu só procurava minha amiga para ouvir essa frase. Ela me fazia entender que mais uma vez meus pensamentos estavam fazendo tempestade em copo d'água e que não estava acontecendo nada comigo! Com o tempo eu mesmo fui me dando conta disso.

Para a minha amiga, "Está tudo bem" era uma frase com fundamento, fruto da sua experiência de vida. Ela havia se casado com o homem errado e, num momento de grande sofrimento, tentou o suicídio – pulou de um trem em movimento. Além de tudo, seu filho havia morrido. As águas caudalosas dessa corredeira desembocaram num mar de "Está tudo bem". Quando penso nessa época me lembro das pessoas que conheci no *ashram*, os rostos pacíficos e radiantes. Gente de todos os cantos do mundo numa busca espiritual. Foi nessa época que o herói do conto de fadas que estava preso na torre aprendeu a palavra mágica que o libertaria.

Muitas vezes não percebemos, mas todos temos nosso mantra, que, com suas vibrações, formam hologramas que usamos como base para construir nossa vida. Basta recitar uma palavra habitual no inconsciente para que ela se transforme num mantra de meditação.

Em Calcutá, conheci um turista que usava a palavra "horrível" em todas as frases. Era como se a todo momento ele vivesse algo "horrível". Tinha viajado num "trem noturno horrível", dormido num "hotel horrível", tomado um "iogurte horrível". Chegou a dizer que havia pisado numa "bosta horrível" e visto "uma estátua de deus hindu com uma careta horrível" num templo. Dias depois, eu o vi sentado à mesa em um café de rua, tomando um *chai* com um semblante muito infeliz. Um muro enorme se erguia entre ele e o mundo. Torci para que a viagem dele não terminasse assim, com tudo horrível.

Durante uma viagem, um sábio parou num vilarejo. Uma mulher local soube de sua presença e pediu que ele ajudasse seu filho doente. O sábio a seguiu e, quando chegaram à casa dela, os vizinhos correram até o local. O sábio pousou a mão na testa do menino doente e começou a orar.

– Se nem os remédios que o médico passou estão ajudando, como é que a sua reza vai surtir efeito? – bradou um homem em meio à multidão.

– Você nem sabe o que é orar! É um tremendo idiota! – exclamou o sábio.

Sentindo-se insultado, o homem corou de raiva e praguejou furiosamente contra o sábio, que sorriu e disse:

– Meu bom homem, se as minhas palavras conseguem enervá-lo desta maneira, talvez a minha oração tenha poder de cura.

E foi assim que, naquele dia, o sábio curou duas pessoas.

"Escolha cuidadosamente as palavras que pensa", diz uma máxima prudente. Os outros não as escutam, mas nós as escutamos. Uma palavra pode nos corroer por dentro, ao passo que outra pode cair como uma semente na terra e germinar dentro de nós a esperança e a alegria de viver. Não importa se as palavras nos corroem ou nos fazem crescer, se são nocivas ou benéficas: ambos os processos necessitam de tempo, mas somos nós que determinamos qual dos processos vai se vai consumar.

"Como falastes aos meus ouvidos, assim farei a vós outros." Este versículo (Números, 14:28) é mais do que uma mera passagem bíblica. Assim como uma máscara aperta nosso rosto, as vozes negativas no nosso interior deixam marcas quando as repetimos no inconsciente. Em seu livro *Words Can Change Your Brain* ("As palavras podem mudar o seu cérebro"), Andrew Newberg explica que uma única palavra é capaz de influir na expressão dos genes responsáveis pela nossa reação ao estresse físico e emocional. Basta pronunciar palavras como "amor" ou "paz" para provocar alterações funcionais positivas no cérebro.

No livro infantil *O Ursinho Pooh*, o protagonista – o próprio Ursinho Pooh – pergunta ao seu melhor amigo, o Leitão:

– Que dia é hoje?

– É hoje – respondeu Leitão.

– Meu dia preferido – diz Pooh.

Esse é um mantra recorrente nos livros do Ursinho Pooh.

Meu mantra é: "Respire!" Quando estou ansioso ou noto que minhas emoções estão à flor da pele; quando me irrito ou percebo que meus pensamentos estão numa montanha-russa sem sentido, digo a mim mesmo: "Respire!" Então, respiro fundo, e imediatamente recupero o controle das emoções, me acalmo e retorno plenamente ao aqui e agora.

Qual é o seu mantra pessoal? As palavras que você escolhe refletem um processo de amadurecimento da autoaceitação?

Ao enumerar suas bênçãos, não deixe suas feridas de fora

Uma experiência que nos causa dor não é um acontecimento casual. É a oportunidade que temos aguardado pacientemente de encontrar o rumo da nossa vida, de levá-la a sério. Se esse episódio não tivesse acontecido, a essa altura estaríamos à procura de uma experiência semelhante.

— W. H. AUDEN, poeta inglês

Uma mulher jovem tinha o sonho de um dia abrir seu próprio consultório de psicoterapia. Os pais, que faziam de tudo por ela, tinham recursos suficientes para bancar seus estudos. A jovem queria, por meio de seu trabalho, ajudar pessoas que sofriam com feridas emocionais. Ela fez faculdade e se casou. Levava uma vida tranquila e invejável com o marido, até que, certo dia, decidiu fazer mestrado em Psicologia para concretizar o antigo sonho. Foi então que, de repente, o infortúnio se apoderou de sua vida.

Seu filho único adoeceu de repente e morreu antes de os médicos descobrirem o motivo. Mal havia se recuperado da pior dor que uma pessoa pode sofrer, a mulher descobriu que o marido a traía. Ele ouviu todas as críticas e repreensões sem dizer uma só palavra e simplesmente foi embora. Na época, a mulher ainda não imaginava que, dez meses mais tarde, estaria no enterro do pai – seu grande protetor. De uma hora para outra, o homem que sempre lhe dera apoio e bons conselhos não estava mais ali para protegê-la.

A tristeza da mulher era incomensurável. Quem lhe dera ser capaz de voltar no tempo e recuperar as pessoas que havia perdido! Ela deixara de ser mãe de alguém, esposa de alguém e filha de alguém. Todas as suas identidades tinham desaparecido de repente, e pela primeira vez na vida a mulher teve que encarar a pergunta: quem ela era de verdade? Motivada pela tristeza, começou a prestar atenção no que dizia seu interior. Concluiu que uma verdade dolorida é melhor do que uma falsa consolação. Quando a alma desperta para uma nova vida, as perdas anteriores deixam de ter importância.

Desde então, a mulher concluiu o mestrado e superou os obstáculos da dura escola da vida, e hoje é psicoterapeuta. Aquele que conhece o sofrimento por experiência própria e mesmo assim pergunta ao outro se ele está bem é o "curador ferido", termo cunhado por C. G. Jung. Às vezes a cura nos arrebata como uma onda que nos derruba no chão. Assim que nos levantamos e nos reequilibramos, vem a onda seguinte e nos engole.

Quando nos cortamos com uma faca, nossos mecanismos de cura físicos e emocionais se mobilizam imediatamente e se tornam muito mais ativos. Quando tinha cerca de 45 anos, no auge da carreira, um dos maiores pianistas da atualidade, Murray Perahia, recebeu um duro golpe do destino: cortou o polegar direito no canto de uma partitura. O ferimento, aparentemente inofensivo e superficial, acabou se transformando numa infecção, e o polegar ficou deformado. Perahia precisou passar por duas cirurgias, o que o impossibilitou de tocar piano durante anos.

Um pianista que não pode tocar o seu instrumento! Deve ter sido um período bem difícil... Mas Perahia conta que, durante essa época, evoluiu de maneira extraordinária. Finalmente passou a ter tempo para se dedicar à música a partir de outras perspectivas. Perguntou-se o que acontecia na mente de um compositor enquanto escrevia as notas, e encontrou respostas. Quando pôde voltar a tocar, Perahia havia alcançado um patamar ainda mais alto. Sua música ganhara alma e profundidade. Não é à toa que o chamam de "o trovador do piano". As *Variações Goldberg* de Bach que ele gravou pouco depois de voltar a tocar permaneceram quinze semanas em primeiro lugar na lista de álbuns mais vendidos. Sua música exala um sentimento de gratidão a Deus – a gratidão de uma pessoa que venceu a dor.

Sua interpretação da *Sonata ao luar*, de Beethoven, é melancólica: "Muitos especialistas defendiam que, na verdade, não existe qualquer relação entre o luar e a *Sonata ao luar* de Beethoven, e partiam do princípio de que essa interpretação foi construída depois. Contudo, num leilão, descobriram uma anotação feita pelo próprio Beethoven antes de compor a sonata. Nela, o compositor se perguntava onde conseguiria obter uma harpa eólica, instrumento que, reza a lenda, Éolo, deus dos ventos, tocava sempre que uma brisa atravessava as cordas, fazendo-as vibrar. Contam ainda que um casal de namorados que partiram jovens desta vida, tal como Romeu e Julieta, desceu a um planeta onde só existia luar. Diz-se que o som da harpa eólica contém a tristeza das ilhas desertas em que vive esse tipo de casal. E são precisamente esses sons que Beethoven reproduz na sua *Sonata ao luar*."

Seria incorreto afirmar que cada experiência dolorosa tem um sentido? Talvez não sejamos nós que curamos as feridas, e sim as feridas que nos curam. As feridas nos indicam onde precisamos mudar. Se eu olhar em retrospecto para a minha própria vida, verei que as supostas feridas na verdade eram marcos no caminho que percorri em busca do meu verdadeiro eu. Na trama da vida, as etapas do sofrimento estão profundamente entrelaçadas com as etapas da prosperidade. A palavra inglesa *blessing* e a palavra francesa *blesser* vêm da mesma raiz etimológica, mas *blessing* significa "bênção", enquanto *blesser* quer dizer "ferir". Ao enumerar suas bênçãos, não deixe suas feridas de fora.

Um homem jovem adoeceu com câncer nos ossos. Após ter uma perna amputada, caiu em desespero e desenvolveu um ódio profundo pelas pessoas saudáveis. Na primeira sessão de arteterapia recomendada pelo oncologista que o tratava, ele pintou seu corpo como um jarro totalmente preto com uma grande fenda.

Alguns anos e muitas sessões mais tarde, seu terapeuta lhe mostrou esse primeiro esboço.

– Ah, ainda não terminei essa pintura – comentou o rapaz.

O terapeuta perguntou se ele queria finalizá-la. Ele fez que sim com a cabeça, pegou um lápis amarelo e apontou para a fenda.

– Veja – disse ele. – A luz do sol entra aqui.

Ele pintou a fenda de amarelo e fez o jarro brilhar.

"Na vida, é mais importante dançar na chuva do que pensar em como escapar seco de uma tempestade", diz um provérbio de autor desconhecido.

Segundo o mestre budista tibetano Chögyam Trungpa, para nos tornarmos guerreiros espirituais, precisamos ter o coração partido. Caso contrário, não estaremos aptos. O sofrimento em que encontramos sentido não é o da queda, e sim o do renascimento e do início de uma nova viagem. Os católicos falam da *felix culpa*, a "culpa feliz". É quase uma perda vitoriosa, uma vez que a ferida nos conduz à salvação.

Os sioux, da América do Norte, cultivam a crença de que o homem está mais próximo de Deus quando sofre e está triste, pois a dor quebra a casca do ego. Para eles, as pessoas que estão feridas ou sofreram muito são sagradas. Os outros pedem que elas rezem por eles. Os sioux acreditam que as orações de quem já viveu muitos sofrimentos são mais poderosas e convincentes e que, por isso, chegam mais perto de Deus.

O monge vietnamita Thich Nhat Hanh disse certa vez: "Há alguns anos, tive uma infecção, e meus pulmões se encheram de sangue. Sempre que eu tossia – o que acontecia com frequência –, meu lenço ficava vermelho. Eu tinha dificuldade para respirar, e a dor era ainda maior se eu risse. Graças aos tratamentos médicos, meus pulmões ficaram curados, e hoje não tenho mais dificuldade para respirar. Agora, meu trabalho é sempre me lembrar, a cada respiração, da época em que meus pulmões estavam doentes. Quando penso nisso, cada fôlego que tomo é maravilhoso!"

Será que a "ferida" está levando a vida que existe do lado de fora para o nosso interior? Claro que o ideal seria descobrir nosso verdadeiro eu e nosso rumo na vida sem sofrimento. Mas parece que a nossa alma sabe exatamente por quanto tempo precisamos sofrer. E também sabe que a nossa vida é muito maior do que qualquer ferida.

Deus escreve certo por linhas tortas

Um frade de ordem mendicante decidiu viajar pelo mundo com seu discípulo. Certa vez, no fim da tarde, começaram a buscar um lugar para passar a noite, mas só encontraram um casebre caindo aos pedaços com telhado de colmo à beira de um precipício. Ali vivia um casal com três filhos. Não havia árvores nem arbustos nas redondezas. Não havia plantações de trigo ondulando lindamente ao entardecer – apenas uma vaca magra amarrada junto ao casebre.

Quando o frade e o discípulo perguntaram se podiam pernoitar ali, o pai da família os recebeu com simpatia e lhes serviu queijo e uma papa feita com leite fresco – uma generosidade que, considerando-se a pobreza em que aquelas pessoas viviam, comoveu os convidados.

Depois de comerem, o frade perguntou como a família conseguia viver naquele lugar tão ermo, distante de tudo, sem uma horta por perto.

A mulher lançou um olhar cansado ao marido e respondeu com um ar resignado:

– Nosso único bem é aquela vaca ali. Ela nos fornece leite, e nós o bebemos ou o usamos para fazer queijo. Quando sobra, levamos para o vilarejo mais próximo e trocamos por outros alimentos. Assim sobrevivemos.

Na manhã seguinte, o frade e o seu discípulo agradeceram a

hospitalidade e pegaram o caminho de volta. Assim que passaram pela primeira curva, o frade disse ao discípulo:
– Volte lá e atire a vaca no precipício.
O discípulo não acreditou no que estava ouvindo.
– A família depende da vaca para sobreviver. Sem ela, talvez todos morram de fome.
– Volte lá agora mesmo e faça o que estou mandando – insistiu o frade.

Com o coração apertado, o discípulo voltou de fininho. Temia pelo bem-estar da família, mas havia feito um voto de obediência absoluta ao seu sábio mestre. Portanto, não tinha opção – atirou a vaca no precipício.

Os anos passaram, e em dado momento o discípulo – agora um jovem frade – revisitou a região, desta vez sem o seu mestre. Continuava arrependido do que fizera, por isso decidiu ir ver a família e pedir perdão.

Quando chegou ao local, parou, estupefato. Onde antes havia um casebre caindo aos pedaços agora se erguia uma bela casa ao lado de uma horta e um canteiro de flores. Bastava olhar para perceber que ali era um lugar de fartura e prosperidade.

O jovem frade bateu à porta, e um homem a abriu. Tinha uma aparência simples, mas estava bem-vestido.

– O senhor sabe o que aconteceu com a família que morava aqui? Você comprou a casa deles antes que morressem de fome? – perguntou o frade.

– Eu moro aqui desde que nasci – disse o homem, confuso.

Então o frade contou que anos antes pernoitara ali com seu mestre e voltou a perguntar:
– O que aconteceu com a família?

O homem convidou o frade a entrar e passar outra noite ali. Ofereceu uma refeição e, como se estivesse apenas esperando a ocasião certa, começou a contar sua história.

– Nós tínhamos apenas uma vaca magra. Era o que nos impedia de morrer de fome, e não enxergávamos nenhuma forma de sair da miséria. Mas um dia ela caiu no precipício e morreu. Tínhamos que fazer alguma coisa para sobreviver. Aprendemos a cultivar a terra, começamos a plantar hortaliças e árvores no terreno antes inculto. Precisávamos encontrar um caminho, e encontramos. No final, a perda da vaca foi uma bênção. Nossa vida melhorou muito e passou a ter sentido.

O frade cerrou os olhos por um momento. Seu mestre sabia o que aconteceria! Compreendia que a única forma de deixar nossa vida antiga para trás é nos afastando das dependências patéticas que nos impedem de ousar, tentar coisas novas, nos aventurar.

No momento em que nos agarramos às certezas, a vida nos atira em um precipício. Se o destino nos derruba, é porque está na hora de iniciarmos uma vida nova. A perda e a despedida sempre têm um sentido – Deus escreve certo por linhas tortas.

Qual é a "vaca" que eu preciso atirar do penhasco? Do que eu sou dependente? O que se tornou tão cômodo e familiar que me impede de evoluir? Parte da arte de viver é fazermos a nós mesmos essas perguntas. Precisamos nos separar da nossa "vaca" para ampliar nossos horizontes e nos libertarmos. Citando a monja budista Pema Chödrön: "Se o que nós queremos é viver a vida em busca de certezas e seguranças, então estamos no planeta errado."

Todo ser vivo sente dor

Cada pessoa com quem nos encontramos tem suas dores e feridas, e nada sabemos a respeito delas. Por isso, precisamos ser amáveis uns com os outros e evitar fazer juízos de valor do próximo. Cada um vive a vida da sua maneira.

Na cultura muçulmana do Paquistão e de parte da Índia, a língua oficial é o urdu, e as pessoas se cumprimentam dizendo "*Kya haal hai?*", que significa "Como está o seu *haal*?", o estado do seu coração. É uma pergunta feita de uma pessoa para outra, para saber se o interlocutor tem alegria no coração e se sua alma está viva. Não tem a ver com quanto a pessoa ganha nem se trabalha muito.

Costumo frequentar uma casa de chá numa viela na cidade de Varanasi, no norte da Índia. É um lugar pequeno e modesto, mas como servem um bom *chai*, é muito frequentado tanto por moradores locais quanto por estrangeiros. A casa de chá é gerida por um homem e seu irmão dois anos mais novo, um pintor extraordinário que queria ser artista.

Certa manhã, estava eu sentado numa cadeira de madeira nos fundos do estabelecimento, lendo um jornal, quando vi um morador da região parado em frente à porta. Dava para perceber que ele não estava ali para tomar chá. Era maltrapilho e parecia não ter a intenção de entrar. Estava simplesmente ali, olhando para dentro do lugar. Também parecia não ter a intenção de pedir esmola.

A viela tinha apenas cerca de um metro de largura, e o homem estava obstruindo o caminho dos pedestres e das motos, mas parecia não se incomodar. Permanecia imóvel, olhando fixo para o interior do estabelecimento. Não havia dúvida de que os outros clientes – a maioria dos quais eu conhecia – o consideravam doente mental. Eu mesmo achei que fosse, embora nunca tivesse visto o sujeito antes.

Ao longo de mais de uma semana, ele apareceu em frente à porta todas as manhãs por volta das oito horas. Deixava que as pessoas o empurrassem de um lado para outro – crianças indo para a escola, peregrinos a caminho do rio Ganges, o proprietário corpulento que abria a loja, a mulher indo ao mercado. Era como se estivesse pregado ao chão: limitava-se a ficar ali, olhando fixo para o interior da casa de chá. Parecia faminto, e em seu olhar sombrio se notava uma profunda melancolia.

Em dado momento, não aguentei mais. Pus o jornal de lado e me dirigi a ele:

– *Kya hall hai!*

– *Kya hall hai!* – respondeu.

Perguntei-lhe em híndi como se chamava e de onde era. Para minha surpresa, ele me respondeu em inglês, o que significava que havia estudado. Era de outro bairro da cidade.

Ofereci um *chai* e perguntei por que ficava ali parado todos os dias. Com as mãos sujas, ele envolveu o copo quente e apontou o queixo para o interior da casa de chá. Segui seu olhar, mas não entendi. Ele apontou com o dedo para a parede em frente à entrada. Só então vi o quadro pendurado.

Era uma pequena aquarela emoldurada que não me parecia ter nada de especial. Tinha sido pintada pelo irmão caçula do proprietário. Eu nunca havia prestado atenção na tela, apesar de ter me sentado várias vezes ali dentro. Com pinceladas delicadas em tons suaves de azul e bege, retratava uma mulher com sári olhando com ternura para uma criança e a erguendo ao céu. Ao contemplar o quadro, os olhos do homem marejaram.

Ele praticamente não havia tocado o chá quando murmurou:
– Eu tinha mulher e filho, como no quadro. *Tinha.*

Os dois haviam morrido num acidente de carro fazia um ano. O choque foi tão grande que o homem passou a perambular sem rumo pelas ruas da cidade. Foi assim que, por acaso, descobriu o quadro. Desde então voltava ali todos os dias e fitava a pintura, horas a fio, com os olhos marejados – o retrato de sua mulher erguendo o filho ao céu e o encarando com ternura...

Todo ser vivo sente dor. Dizem que o sofrimento se transforma num processo de cura quando ultrapassa determinado limite. Mas onde está esse limite?

Um ano depois voltei a Varanasi. Sempre que ia àquela casa de chá, prestava atenção para ver se o homem apareceria, mas não o vi nenhuma vez. Dias depois, perguntei por ele ao dono do estabelecimento e ao seu irmão, e também aos outros clientes, mas ninguém tinha notícias. Só o quadro permanecia ali, como sempre, pendurado na parede.

Na canção favorita do meu amigo indiano Sansai, há uma frase que diz: "*Duniya me kitna gham hai, mera gham kitna kam hai.*" – "Quanta dor existe no mundo, que pequena é a minha própria dor." Quando conhecemos o sofrimento dos outros, de repente a nossa dor parece insignificante.

Deméter, a deusa da colheita na mitologia grega, não pôde cumprir sua função de fazer a plantação crescer porque Hades, deus do submundo, havia raptado sua filha Perséfone. Consumida pela tristeza, ela negligenciou suas responsabilidades, e a seca se espalhou pelo planeta. Na mitologia indiana, o deus Rama também chorou copiosamente após o sequestro de sua mulher.

Quando entendemos que ninguém no mundo está livre da dor e do sofrimento – nem mesmo os deuses –, somos capazes de reagir à felicidade e à infelicidade de maneira comedida, sem permitir que nossa vida vire do avesso. Caso contrário, seremos como uma árvore que continua balançando mesmo depois de o furacão ir embora.

Quando olhamos de fora, parece que o outro não tem problemas na vida, até sabermos sua história. Sobre isso, existe uma fábula sufista que diz o seguinte:

Todas as noites, um homem rogava a Deus: "Por favor, realize só um desejo meu! Sou o homem mais infeliz da face da terra. Todos têm uma vida melhor do que a minha. Não desejo bênção alguma, só quero trocar de vida com outra pessoa! É pedir demais?"

Noite após noite, o homem repetia essas mesmas palavras, não deixava Deus em paz. Até que, por fim, certa noite, uma voz estrondosa vinda do céu falou aos homens:

– Enfiem todos os seus sofrimentos numa trouxa e a deixem na entrada do templo.

As pessoas acordaram no meio da noite e começaram a colocar suas experiências sofridas dentro de trouxas.

"Finalmente eu vou ter a oportunidade de escolher outra vida!", pensou o homem, correndo satisfeito para o templo. Pelo caminho, encontrou pessoas carregando seus fardos, alguns muito maiores que o dele. Antes sempre sorridentes e bem-vestidas, elas agora se arrastavam pela rua levando trouxas enormes e pesadas nas costas. Quanto mais se aproximava do templo, mais inquieto o homem se sentia. De repente, quis voltar para casa, mas já estava quase lá, então, mesmo hesitante, decidiu entrar. Afinal, havia passado a vida implorando por esse momento.

– Abram as suas trouxas – veio a ordem retumbante do céu. Todos obedeceram, e a voz continuou: – Agora, observem bem o que os outros têm nas suas trouxas e, depois, escolham o fardo com que querem ficar.

E foi então que aconteceu algo inesperado. Primeiro, as pessoas se misturaram e olharam para o sofrimento e as dores umas das outras; logo depois correram de volta para suas próprias trouxas e não as largaram. O próprio homem que havia feito o pedido voltou correndo para sua trouxa, com medo de alguém pegá-la. Não sabia que grande sofrimento receberia caso pegasse a trouxa de outra pessoa. Além disso, já estava acostumado à sua própria infelicidade.

Suas preces de lamentação se calaram para sempre.

Parte 2

Quem pode ter certeza se algo é bom ou ruim para a nossa vida? Quando nos encontramos num beco sem saída, talvez isso seja uma mensagem. Se fôssemos capazes de olhar para a nossa vida como um todo, veríamos que os obstáculos que enfrentamos podem ser trampolins. Será que chegamos a esse ponto porque seguimos um caminho que no fundo não queríamos percorrer? A vida parece nos levar a lugares que não fazem parte dos nossos planos, mas que nosso coração deseja conhecer. A cabeça não entende isso, mas o coração entende.

Quem pode ter certeza se algo é bom ou ruim para a sua vida?

Eu estava perto de terminar a faculdade e não sabia o que fazer da vida, quando um amigo me falou de um jornal que tinha aberto vagas para jornalistas e sugeriu que nos candidatássemos juntos. Se tudo desse certo, talvez pudéssemos trabalhar como correspondentes fora do país. Isso bastou para me convencer. Nos candidatamos e imaginamos, em tom de brincadeira, que, com um pouco de sorte, em breve viajaríamos para os Himalaias para entrevistar algum homem santo. E assim, como é tão comum, conseguimos usar o humor para esconder o medo do futuro.

A prova escrita seria dali a dez dias na Universidade Kookmin, e ainda hoje me pego pensando no momento em que cheguei ao edifício. Passei noites sem dormir no meu quarto sublocado e abafado, me preparando para a prova. Relendo meus fichários, concluí que não havia assunto que eu não dominasse. Enfim, o grande dia chegou. Era um domingo. Cheguei à universidade antes da hora, o coração a mil. No local, um silêncio suspeito. Segui até a sala da prova, mas ela estava vazia.

Voltei à entrada do edifício e perguntei ao porteiro. Ele me encarou com um ar desconfiado. Eu tinha cabelo comprido, lembrava o John Lennon.

– A prova foi ontem – disse ele.

Eu tinha errado a data! Fiquei incrédulo. Para não ter que suportar o olhar do porteiro por mais um segundo sequer, saí correndo, entrei num bar em frente à universidade e tomei um porre sozinho, logo de manhã. Xinguei os deuses que tinham me condenado a uma vida à margem da sociedade.

Não pude evitar o pensamento de que minha trajetória de vida estava bloqueada antes mesmo de eu começar a percorrê-la. Nesse dia, cambaleei ao longo dos sete quilômetros que separam a universidade do templo budista de Chogye e me deitei no chão da sala de oração como se estivesse rezando para Buda. Antes de adormecer, pensei: "Isto é um sinal! Eu não devo me tornar jornalista, e sim fazer outra coisa. Eu devo viver no mundo, mas não pertencer ao mundo." Ao me equivocar com a data da prova, eu havia perdido a oportunidade de entrevistar um homem santo, mas a viagem para os Himalaias – da qual meu amigo e eu tínhamos falado de brincadeira – se concretizou mesmo assim tempos depois.

Se fôssemos capazes de olhar para a nossa vida como um todo, veríamos que os obstáculos que enfrentamos podem ser trampolins. Perceberíamos que é bem aí que está a oportunidade da nossa vida. O que faz nosso coração bater mais forte é o caminho à nossa frente, e não aquele que deixamos para trás.

Um homem se candidatou a uma vaga de trabalho numa firma de limpeza, e, quando o contratante lhe pediu que mostrasse como limpava o chão, ele se pôs imediatamente a trabalhar. O contratante ficou muito satisfeito com o que viu.

– Está contratado! Me passe o seu e-mail para podermos enviar o contrato de trabalho, a descrição das suas funções e todos os outros detalhes.

– Não tenho computador nem e-mail – respondeu o homem.

– Uma pessoa que não tem e-mail praticamente não existe. Lamento, mas não posso contratar alguém que não existe.

Desolado, o homem não sabia o que fazer. Estava praticamente sem dinheiro na carteira. Refletiu um pouco, foi a um hortifrúti e trocou tudo o que tinha por um caixote de tomates. Começou a vender de porta em porta, e em menos de duas horas duplicou a quantia investida. Repetiu o procedimento mais duas vezes e voltou com dinheiro para casa.

O homem percebeu que podia ganhar a vida dessa forma. Dali em diante, no comecinho do dia comprava tomates e ia vender de porta em porta, sempre dobrando ou quadruplicando o investimento feito pela manhã. Em poucos meses ele comprou um carro e, logo depois, uma van de entregas. Em três anos, era dono de vários veículos de entrega, e em cinco anos se tornou proprietário de um hortifrúti.

Em dado momento, o homem decidiu fazer seguro de vida para si e para a sua família. No fim da conversa, o corretor pediu seu e-mail.

– Não tenho e-mail – respondeu o homem.

O corretor o encarou perplexo e perguntou:

– Como o senhor conseguiu chegar tão longe sem e-mail? Já imaginou onde estaria hoje se tivesse?

Após refletir um pouco, o homem respondeu:
– Provavelmente estaria limpando chão.

Quem pode ter certeza se algo é bom ou ruim para a nossa vida? Quando nos encontramos num beco sem saída, talvez isso seja uma mensagem. Será que chegamos a esse ponto porque seguimos um caminho que no fundo não queríamos percorrer? A vida parece nos levar a lugares que não fazem parte dos nossos planos, mas que nosso coração deseja conhecer. A cabeça não entende isso, mas o coração entende.

Por que você me dá apenas isto?

Um homem fazia uma expedição pelo deserto argelino e se perdeu. Depois de um tempo reuniu todas as forças para seguir caminhando. Tinha que encontrar água e comida! Sob um sol abrasador, perambulou durante dias, até que viu uma tenda ao longe. Com os joelhos trêmulos, caminhou com dificuldade, e quando chegou à tenda suplicou por água e comida. De dentro da tenda saiu um pastor de cabras com o traje tradicional e o turbante dos beduínos.

– Lamento, não tenho como lhe oferecer água nem comida. Mas posso lhe dar uma gravata.

– Eu estou no meio do deserto, morrendo de sede e fome, e o senhor quer me dar uma gravata? – perguntou o viajante, incrédulo.

– A gravata é tudo o que eu tenho para lhe dar – respondeu gentilmente o pastor. – Eu mesmo não tenho água nem comida, mas sei onde podem ajudar você. É um lugar a dois quilômetros daqui, mas para conseguir que lhe deem água e comida, você vai precisar desta gravata.

– O senhor está de brincadeira? – gritou o viajante, furioso. – Por que quer me dar essa gravata? Estou quase morrendo de sede e fome!

O viajante atirou a gravata no chão e reuniu as últimas forças para seguir em frente, aos trancos e barrancos, e percorrer os tais dois quilômetros até o tal lugar. Quando chegou, suplicou novamente.

Outro beduíno saiu da tenda, mas este não vestia o traje típico do povo da região, e sim terno preto, camisa branca recém-passada por baixo e gravata-borboleta. O viajante o encarou, perplexo.

– Ninguém entra aqui sem gravata – disse o homem de terno.

– Estou morrendo de sede e fome. Se não me ajudar, vou morrer.

– Lamento, mas se não está de gravata não posso fazer nada por você. Esta é a regra para entrar na minha tenda. Instruí todos os pastores num raio de dois quilômetros a entregar uma gravata aos viajantes que estejam perdidos, morrendo de sede e fome, e enviá-los para mim. Se você tivesse aceitado a gravata que o pastor lhe ofereceu, eu o deixaria entrar. Como não aceitou, agora não há o que fazer. É minha palavra final.

Nós sempre queremos o caminho mais direto rumo ao nosso objetivo, mas, se não fizermos algumas paradas, como vamos descobrir a beleza do caminho? Todo artista precisa criar inúmeras obras até começar a ser levado a sério, assim como todo pássaro aprende a voar batendo as asas sem jeito, até que, em dado momento, consegue pairar no ar com desenvoltura.

Quando eu era jovem, certa vez fiz uma viagem a Busan, cidade portuária da Coreia do Sul. Dormia nos parques ou na praça em frente à estação central ferroviária, mas precisava comer, por isso decidi procurar um trabalho. Um dia vi um cartaz colado num poste com uma oferta de emprego que parecia real e fui ao endereço. Era uma empresa que vendia bolinhas de naftalina. Minha função era ir de casa em casa com uma sacola cheia das bolinhas de material tóxico.

Aquele cheiro horrível me causou problemas graves. Sempre tive um olfato muito sensível – desde criança o simples cheiro de sardinha me dava vontade de vomitar. Meu medo era a naftalina me matar, como faz com as traças. Após vender só dois ou três sacos, decidi procurar outro trabalho. Ainda hoje, quando sinto cheiro de naftalina eu me lembro daquela época. Passava os dias cambaleando pelas ruelas de Busan, atordoado por aquele odor desagradável.

Em seguida, trabalhei como vendedor de picolé. Tinha que usar um chapéu colorido. Não é difícil imaginar como eu – um estudante de literatura de cabelo comprido, usando aquele chapéu ridículo numa lojinha no centro da cidade – me sentia quando um professor ou mesmo um aluno da faculdade passava por mim e me reconhecia...

Mas trabalhar ali me dava uma vantagem: eu tinha permissão para acampar no gramado em frente à estação ferroviária. Quem me concedeu esse privilégio foi um policial que passou a fazer vista grossa quando, após uma varredura de rotina na estação de Busanjin, me parou, pediu meus documentos e, conversando comigo, descobriu que tínhamos estudado na mesma escola. Além de tudo, ele impedia que os outros sem-teto me importunassem, para eu poder escrever em paz – só não conseguiu afastar o desespero que eu sentia sempre que via ratazanas enormes avançando pelo gramado em minha direção.

Na época eu me perguntava: "Quem é Deus? Por que ele é tão cruel comigo? Em que página do livro do destino diz que eu tenho que passar por este sofrimento todo? Alguém arrancou o resto das páginas, para a minha vida acabar assim?"

O poeta persa Rumi escreveu:

O mundo está repleto de dificuldades.
Atravesse-as com paciência
e encontrará um grande tesouro.
Sua casa é pequena, olhe para dentro
e ela revelará os segredos do mundo invisível.

Eu perguntei:
"Por que você me dá apenas isto?"
Uma voz respondeu:
"Porque só isso levará você ao que deseja."

Gritamos a Deus e à vida: "Por que você me dá apenas isto?" E uma voz responde baixinho: "Porque só isso levará você ao que deseja." Se não ouvimos o sussurro, desperdiçamos nosso tempo mantendo discussões mentais inúteis com o mundo.

Num dia chuvoso, um jovem de Los Angeles quis ir de carona até São Francisco. Ficou quatro horas parado na chuva, à beira da estrada, mas todos os carros que passavam iam na direção contrária. Por fim, rogou: "Meu Deus, me ajude a ir para São Francisco!"

Ao ouvir a oração fervorosa, Deus rapidamente enviou um carro naquela direção. O jovem fez sinal, o motorista parou, e o jovem disse para onde queria ir.

– Posso levá-lo até Monterey – disse o motorista.

O jovem fez que não com a cabeça.

– Eu não quero ir para Monterey, quero ir para São Francisco.

O motorista explicou ao jovem que Monterey era bem perto de São Francisco e que de lá seria fácil encontrar outra pessoa que lhe desse carona até o fim do trajeto, mas mesmo assim o jovem recusou. O motorista foi embora sozinho, deixando o rapaz na chuva. Nem Deus conseguiu ajudá-lo.

A arte de fazer milagre

Em inglês, *writer* é alguém que escreve, e *waiter* é alguém que espera. Ambos os termos se aplicam a mim. Um escritor que espera o momento ideal para escrever talvez nunca consiga pôr uma única linha no papel ao longo da vida. Também me identifico com esta frase.

Antigamente eu costumava escrever à noite, porém passei a me sentar para escrever nas primeiras horas da manhã. Levanto-me às cinco e meia, medito durante 20 minutos e escrevo ou traduzo até as três da tarde. Não sou um grande escritor ou tradutor, por isso meu trabalho envolve muito esforço. Há vezes em que não consigo sair da primeira frase ou passo a tarde inteira no mesmo parágrafo. Para citar o grande ensaísta e cronista de viagens Pico Iyer: "Escrever é, em última análise, a mais peculiar das anomalias: uma carta confidencial a um desconhecido."

Mantenho a rotina mesmo quando estou viajando. Quantas vezes já me sentei de manhã cedo para escrever num trem; ou nos degraus à margem do rio Ganges, vendo o dia nascer; ou no banco do passageiro de uma caminhonete numa viagem pelos Himalaias – para assombro do motorista. Se ficasse esperando a inspiração chegar, nunca teria contado uma única história. Para mim, inspiração é simplesmente continuar escrevendo, dia após dia. Sei que nunca vai cair algo fantástico no meu colo. Suspeito que o deus da escrita se desvia do meu local de trabalho e prefere abençoar outros autores. Se eu tivesse mantido todos os fios de cabelo que arranquei ao longo dos anos por não saber o que escrever, eu certamente teria uma cabeleira bem mais farta.

Um maratonista não corre porque tem facilidade para correr; talvez eu nunca tivesse me tornado escritor se conseguisse pôr as palavras com facilidade no papel. É um paradoxo, mas eu escrevo porque acho difícil. Alguém poderia ver como fico atormentado e me perguntar, com razão, por que eu simplesmente não desisto de escrever. Mas se eu desistisse de escrever, o que faria da vida? Porque escrever é algo que eu serei capaz de fazer enquanto existir dentro de mim um restinho de imaginação.

Certa vez, alguém perguntou a Mark Twain – autor de *As aventuras de Tom Sawyer* – do que ele precisava para escrever tão bem. E ele respondeu: "Demorei quinze anos para perceber que não tenho talento para escrever, mas precisava continuar, pois quando descobri que não tinha talento, já era um escritor conhecido mundialmente."

Haruki Murakami confessa: "Por mais livros que escreva, nunca alcanço meu objetivo. E isso segue sendo verdade, mesmo após várias décadas de carreira."

Não estou falando da necessidade de me esforçar – meu problema é escrever por "vocação", executar a tarefa que é comandada pelo coração. Tudo na vida é difícil, a não ser que você considere um passatempo. A escrita também não é um mero produto da imaginação, e sim a tentativa de me aproximar da verdade que sinto no meu íntimo, enquanto escritor. Essa é a parte de mim que preciso trazer à luz.

Hariprasad Chaurasia, o mestre indiano da flauta de bambu, já era aclamado como uma lenda viva aos 50 anos. Hoje tem mais de 80 e ninguém chega aos pés dele no instrumento. Há quase

20 anos que viajo de avião até a Índia anualmente para ouvi-lo tocar. Certo dia, cruzei com ele num festival de música em Délhi e perguntei se ele não gostaria de vir à Coreia. Ele concordou e em outubro do mesmo ano tocou em Seul e Busan.

Fui ao hotel dele de manhã e o encontrei ensaiando. Ele tocou flauta de bambu a vida inteira, e em reconhecimento à sua contribuição artística recebeu passaporte diplomático do governo indiano e uma medalha da Ordem das Artes e Letras oferecida pela França. Mesmo assim, ali estava ele ensaiando incansavelmente para uma apresentação de apenas 40 minutos, apesar de ter acabado de chegar de um longo voo de Bombaim a Seul. Sugeri que ele devia descansar, mas de nada adiantou.

Em fevereiro do último ano, Hariprasad Chaurasia se apresentou no Instituto de Tecnologia Indiano em Kharagpur, e eu tive a oportunidade de acompanhá-lo. Partimos de Calcutá de manhã cedo e chegamos ao hotel no início da tarde. Em vez de comer com calma, ele correu para o quarto e começou a ensaiar, embora tivesse tocado na noite anterior em Calcutá.

Ao fim do espetáculo, ele permaneceu no palco e respondeu a algumas perguntas do público.

– O senhor é um músico extraordinário. Pode nos contar o que a vida lhe ensinou? – perguntou um professor de ioga e meditação do Instituto.

– A me esforçar incessantemente – respondeu ele. – Perdi minha mãe muito cedo, e desde criança tive que lutar por cada pedaço de pão. Além disso, descobri a música como profissão relativamente tarde. Antes, era lutador. Quando comecei a estudar música, meu mestre quis ter certeza de que eu levaria a sério e me fez aprender a tocar flauta de bambu do lado direito, e não do esquerdo, como era habitual. Precisei fazer um esforço enorme para aprender a tocar assim. Mas o esforço foi necessário, porque não sou um músico nato. Olhe para mim. Anos atrás, sofri um acidente de carro e tive uma lesão no ombro. Até hoje não consigo mexer bem o braço. Para tocar meu instrumento, preciso ensaiar sempre. Meu amigo coreano que me acompanhou até aqui vive me dizendo que eu devia descansar. Mas vou continuar me esforçando para seguir tocando flauta até meu último sopro. Essa é a minha vocação na vida.

A plateia ficou de pé para uma grande ovação. O professor que tinha feito a pergunta provavelmente estava esperando uma resposta filosófica – algo mais voltado para a "paz interior". Mas foi a resposta sincera do mestre que levou o público a aplaudir com tanto entusiasmo.

Eu sou tudo, menos um escritor nato, por isso não sei ao certo se consigo transmitir as ideias que tenho em mente. Mas tenho me esforçado muito. Como alguém disse, um verdadeiro escritor é aquele que simplesmente continua escrevendo. Poder se dedicar a algo na vida é uma bênção. Sempre representa um enriquecimento pessoal. Nem eu nem você somos gênios. Portanto, para operar milagres, precisamos praticar, praticar e praticar.

A aula de híndi

Nas minhas viagens pela Índia, fui aprendendo o híndi, idioma oficial do país. Era capaz de articular saudações simples e algumas frases necessárias para pechinchar. Mas, em dado momento, eu quis aprender híndi de verdade. (Felizmente, a ordem das palavras em híndi e em coreano é **parecida**, o que facilitava a minha vida.) Desde o início eu sabia quem **queria** como professor: meu grande amigo Sunil. Ele não perdia **nenhuma** oportunidade de partilhar seu vasto conhecimento **sobre** tudo o que havia acontecido desde 3000 a.C. até hoje. Certo dia eu estava num café quando ele se aproximou animado.

– *Sunil, ab kaise hai? Thik hai?* (Sunil, como vai? Tudo bem?) – perguntei, depois disse, em inglês, que ele tinha que me ensinar híndi.

– Você já sabe dizer "bem" *(thik hai)* e "não tão bem" *(thik nahin hai)*. Quer aprender mais o quê? Já é suficiente.

– Não, quero que você me ensine híndi de verdade. Estou falando sério.

A primeira frase que Sunil me ensinou após minha insistência – e que mesmo depois de tanto tempo nunca esqueci nem esquecerei – foi a seguinte: "Hoje estou muito feliz." Como era a única que eu sabia, não me restava opção senão repeti-la o dia inteiro. Assim que me ensinou a **frase**, meu amigo foi embora e desapareceu, ainda que tivesse prometido me ensinar uma frase nova todos os dias.

A frase exerceu um efeito inesperado em mim. Assim que eu a pronunciava sentia uma espécie de felicidade percorrer meu corpo, mesmo que eu pisasse em bosta de vaca na rua, que me servissem uma comida horrível num restaurante, que um feirante me passasse a perna na hora de me dar o troco. "Hoje estou muito feliz" se tornou meu lema, mesmo quando me sentia maltratado ou azarado.

Talvez os indianos achassem que eu tinha algum problema mental, pois só me ouviam dizer essa frase. Olhando para trás, essa frase foi um verdadeiro marco na minha aprendizagem de híndi.

Dias depois, Sunil reapareceu de repente naquele mesmo café. Sem me cumprimentar nem dizer uma única palavra para explicar o sumiço, ele me ensinou a segunda frase: "Está soprando uma brisa maravilhosa."

Eu ainda nem sabia se Sunil tinha simplesmente pensado na frase ali, na hora, ou se havia refletido por dias para escolhê-la, como ele afirmava, quando senti uma brisa suave vinda do rio Ganges e falei:

– Está soprando uma brisa maravilhosa.

Foi um sopro de vento maravilhoso mesmo. Era mais um marco na minha percepção do mundo. De repente, o vento passou a ser maravilhoso, como nunca tinha sido até então – antes não passava de um elemento que acompanhava a chuva e me fazia sentir frio.

Mesmo quando não ventava eu insistia em repetir a nova frase: "Está soprando uma brisa maravilhosa." Quem me ouvia olhava para os lados, procurando um motivo para eu repeti-la o tempo todo. Essa frase marcou minha viagem de outra forma, porque a partir de então acrescentei a palavra "maravilhoso" em todas as minhas frases.

"Esta árvore é maravilhosa!"

"Acabou de abrir uma loja maravilhosa!"

"Essa banca é maravilhosa e tem frutas maravilhosas!"
"Aí vem o maravilhoso Sunil!"
"Este lugar é maravilhoso!"
De repente, tudo era maravilhoso – as árvores, as lojas, o vendedor da banca de frutas que roubava na pesagem, Sunil (que não era exatamente um modelo de beleza)... Enfim, toda a minha viagem foi maravilhosa.

A palavra passou a me acompanhar no cotidiano, como se o mundo tivesse acabado de me ensiná-la, uma palavra que sempre existira, mas que eu nunca ouvira. Sob esse ponto de vista, de certo modo eu era analfabeto. Tinha crescido com a minha língua materna, o coreano, e todos os meus pensamentos eram nesse idioma. Infelizmente, muitas palavras vão perdendo o sentido, se transformando em retórica vazia, e quando isso acontece os falantes da língua perdem algo precioso.

A psicologia nos ensina que não só o consciente, mas também o inconsciente, influencia nossa escolha de palavras, e que as palavras afetam nosso modo de enxergar o mundo. Quem reprime os sentimentos ou tende a ser pessimista costuma escolher palavras, frases e estruturas mais negativas do que positivas. Quem está inconscientemente triste ou zangado acaba projetando essas emoções para o exterior.

À medida que pronunciava com dificuldade, embora cada vez mais convicto, as palavras que aprendia em híndi, fui descobrindo por experiência própria como a nossa escolha de palavras determina a forma como pensamos e nos sentimos, muda nossa visão das coisas. Notei que minha compreensão e percepção de mundo se ampliavam à medida que eu aprendia outro idioma.

"Hoje é um novo dia."
"Uma nova sorte espera por mim."
"Meu coração está cheio de novas esperanças."
"Sunil está parecendo mais novo hoje."

Será que os idiomas que aprendemos influenciam nosso estado de espírito? Nossa língua materna é capaz disso? O mundo é como o percebemos. O que molda a nossa vida não é o que vemos, mas a forma como vemos; não é o que ouvimos, mas a forma como ouvimos; não é o que sentimos, mas a forma como sentimos.

A última frase que Sunil me ensinou antes de eu voltar para a Coreia foi a seguinte:

– *Mause Sunil bahut pasand hai.* ("Eu gosto muito do Sunil.")

Meu aluno preferido

De vez em quando surgem pessoas me pedindo para abrir turma para um curso de meditação, dizendo que gostariam de ser minhas alunas. Mas não vejo sentido em aceitar mais alunos, tendo em vista que nem sequer sou capaz de ensinar corretamente o único aluno que tenho. O destino nos uniu, e ele é meu aluno há anos, mas nunca fez nenhum grande progresso. Às vezes mergulha no seu fluxo de pensamentos, às vezes volta à superfície, e é sempre assim, dia sim, outro também. Quando sinto que ele vai se manter na superfície, é arrastado outra vez para as profundezas, batendo os braços na água em pânico. Não sei como ele vai atravessar o grande mar da vida.

Arquei com os custos de levar meu aluno comigo para a Índia e os Himalaias. Fui com ele a vários centros de meditação e o apresentei a todos os meus mestres. O que será que ele adquiriu em termos de conhecimento? Será que aprendeu alguma coisa? Não faço ideia! Ele deseja desvendar os segredos para além do mundo que conhece, mas infelizmente parece não ter talento para percorrer esse caminho. Eu me pergunto por que eu, uma pessoa altamente espiritualizada, tenho um aluno como esse. Às vezes, acho que é carma.

O maior problema do meu aluno são os sentimentos. Ele não os controla, é controlado por eles. É dominado pelos próprios pensamentos, que o arrastam de um lado para outro, mesmo nos sonhos. Ele sempre questiona e analisa tudo, e assim vai postergando a vida que gostaria de ter. O problema é que nada acontece como ele planeja, sobretudo porque ele não calcula bem as coisas. Devido ao incessante fluxo de pensamentos, ele vive deixando escapar o que é de fato importante. Nisso, ele é campeão mundial! Sua mente sempre tem o martelo e o ferro para forjar a própria sorte, mas a única coisa que ele forja, e de forma magistral, é o seu próprio sofrimento. Ele simplesmente não consegue parar de pensar nas coisas que não é capaz de mudar.

Por outro lado, ele é ótimo na arte de distinguir o bom do mau, o bonito do feio, o certo do errado, o simpático do antipático. Nisso ele é mestre. Se houvesse um prêmio Nobel para isso, ele já teria ganhado há muito tempo. Ele julga os outros pelos atos, mas a si mesmo pelas intenções, por isso tem uma avaliação muito positiva de si mesmo. Às vezes tenho vontade de lhe dar um cascudo. Ele é impossível!

Ele também tem uma capacidade impressionante de fugir do presente. É mestre em se perder nos pensamentos e em fazer do aqui e agora um mero produto da imaginação. Está sentado no banco do carro, mas não está no carro; corre na praia sem estar na praia. É como se observasse o mundo por um binóculo virado ao contrário.

Porém, seu maior talento é sua capacidade de se identificar com as coisas. Ele se apropria dos pensamentos e das emoções em questão de segundos. Qualquer elogio ou crítica tem impacto imediato sobre ele e o faz perder o rumo. Tudo que acontece no corpo humano – o nascimento, o envelhecimento, a doença e a morte – não passa de mudanças físicas, mas ele acredita que é ele mesmo quem nasce, envelhece, adoece e morre. Não compreende que o ser humano só é livre quando para de encarar tudo como uma questão pessoal, por ter uma mente constantemente agitada, como um peixe fora d'água o tempo todo.

Meu aluno é especialista em inventar problemas onde não existem, em esquecer os momentos felizes e se agarrar às recordações negativas. Não percebe que é ele próprio quem atrai o "mau tempo" para dentro de si e com isso cria um "mau dia". Além disso, erra ao considerar a felicidade um estado de total ausência de infelicidade. Não admite que a felicidade possa coexistir com a infelicidade e que a arte de ser feliz consiste em aceitar, com amor, a infelicidade. Por isso sua busca pela felicidade é sempre em vão.

"Serei feliz se me der ao luxo de comer isto?"

"Serei feliz se possuir determinada coisa ou se tiver um carro do ano?"

"Serei feliz se esta pessoa me amar?"

"Serei feliz se aprender a meditar ou praticar ioga?"

Sinto uma pena genuína quando percebo que ele persiste em seguir um caminho que não o leva a lugar algum.

Mas, apesar de tudo isso, até para ele há esperança. Não foi o próprio Buda quem disse "Eu sou fraco, verdadeiramente fraco, indescritivelmente fraco"? Essa fraqueza foi o ponto de partida para a sua maravilhosa caminhada espiritual e o que lhe permitiu terminá-la. Acredito piamente que a fraqueza do meu aluno abriga um potencial de possibilidades ilimitadas. Progredir passo a passo com você mesmo e com sua própria falta de força de vontade é o exercício mais valioso da vida.

Como você já deve ter percebido, meu único, e ao mesmo tempo mais querido, aluno é a minha própria mente fraca.

A torre de pedra de C. G. Jung

Aos 47 anos, C. G. Jung construiu uma torre circular de pedra num pequeno terreno em Bollingen, à margem do lago de Zurique. Após a ruptura com Freud, que o considerava seu sucessor, Jung perdeu o norte, tanto profissional quanto emocionalmente. Uma vez rompida a relação de amizade, Jung disse a Freud que não haveria como manterem a parceria profissional. Com isso, amigos e conhecidos de Jung lhe viraram as costas, e seu livro passou a ser considerado "lixo". Mas para Jung era uma questão de princípios, e ele se manteve firme em suas convicções.

A construção da torre de pedra marcou o início de uma nova vida para Jung. Ao longo dos anos, a planta inicial foi ampliada diversas vezes, tornando-se, pouco a pouco, um espaço sagrado onde ele podia desenvolver seu interior – um "lugar de concentração espiritual". Ali Jung encontrava paz e recuperava as forças. Passava meses a fio na torre, gravando caracteres na alvenaria e pintando mandalas que simbolizavam a iluminação espiritual. Ao mesmo tempo, escrevia sobre sua análise dos sonhos e desenvolvia suas ideias. Na torre de pedra, Jung vivia uma vida primitiva, numa espécie de estado primordial, afastado da civilização. Escolheu não instalar piso de madeira ou carpete, deixando o chão de pedra irregular. Queria estar o mais perto possível da terra. Fazia tudo sozinho, inclusive colhia suas próprias batatas do campo.

"Renunciei à eletricidade e acendo eu mesmo a lareira e o fogão. À tarde acendo os velhos lampiões. Não há água corrente; preciso tirá-la do poço, acionando a bomba manual. Racho a lenha e preparo minha comida. Esses trabalhos simples tornam o homem simples, e é muito difícil ser simples."

Jung se levantava às sete da manhã e cumprimentava as panelas e frigideiras. Demorava uma eternidade para preparar o café da manhã – que consistia em café, pão, embutidos e frutas. Escrevia por duas horas antes do almoço. À tarde, pintava, meditava, passeava pelas redondezas e cuidava da correspondência. Ia dormir às dez da noite.

Para Jung, a torre não era apenas um lugar onde ele podia se afastar do mundo e ter sossego, mas também um espaço livre onde podia se concentrar no trabalho. Foi nesse lugar extraordinariamente simples que ele escreveu sua principal obra, *Memórias, sonhos, reflexões*. Durante a semana, atendia a diversos pacientes no seu consultório na Universidade de Zurique, recebia visitas e resolvia o que havia para resolver. No fim de semana, voltava para as margens do lago, cuidava da casa e se entregava a uma vida simples. Tirando as viagens à Índia (que para ele foram a concretização de um sonho) e aos Estados Unidos (nas quais explorou a cultura dos índios pueblo), Jung escreveu a maior parte de suas obras na construção de pedra, que ele chamava simplesmente de "torre".

"Às vezes como que me espalho na paisagem e nas coisas, e vivo em cada árvore, no sussurro das vagas, nas nuvens, nos animais que vão e vêm, e nos objetos. Nada há na torre que não tenha surgido e crescido ao longo dos decênios, nada a que eu não esteja ligado."

A palavra latina *refugium* significa "abrigo" e "esconderijo". Originalmente se referia ao lugar onde os animais e as plantas se recolhem quando já não conseguem sobreviver no seu habitat natural, como costumava ocorrer, por exemplo, no início de uma era do gelo. É um local onde podemos conservar nossa natureza essencial. Para Jung, a torre representava um refúgio no sentido mais literal da palavra, como centro da sua vida pacata e criativa. Já com idade avançada, olhando em retrospecto para o tempo que havia passado ali, Jung afirmou que nunca teria alcançado suas conquistas científicas se não tivesse vivido aquela vida simples.

"Em Bollingen sou mais autenticamente eu mesmo, naquilo que me concerne. Aqui sou, por assim dizer, um filho 'arquivelho' de sua mãe."

Pelo exemplo de Jung, vemos que um refúgio é mais do que um lugar aonde vamos para descansar. Entre a nossa alma e o mundo existe uma certa distância, e a maior parte dos lugares não tem nenhuma outra finalidade além da prevista. Mas se existe um lugar que sempre nos atrai, porque nele a distância entre nossa alma e o mundo diminui e não nos limitamos a ter uma existência superficial ou alheia, então esse é o nosso refúgio.

Eu passei muitos verões no Ladaque. Meu amigo indiano Rikjin Chubi mantinha um quarto do primeiro andar de sua casa à minha disposição, o que para mim era uma dádiva. Era uma casa tradicional da região, com chão de ladrilho, fabricado com barro do rio Indo. Meu quarto tinha uma cama de madeira, uma escrivaninha e uma cadeira. Rikjin tinha comprado a escrivaninha e a cadeira para eu poder escrever ali. Quando abria a janela de manhãzinha, com os Himalaias cobertos de neve ao fundo, eu via os aviões de pequeno porte decolando e aterrissando no minúsculo aeroporto construído no vale. À tarde, o aeroporto fechava devido às fortes rajadas de vento.

O ar rarefeito provocado pela altitude me afetava mesmo dias após minha chegada, mas não me impedia de fazer uma caminhada de dez minutos até a padaria de manhã para comprar pão árabe, cuja massa é grudada no teto do interior do forno de barro redondo e assada na hora. Era um pão barato e delicioso. Eu o saboreava com uma compota de damasco feita pela esposa do Rikjin e um chá de manteiga de iaque. Na aldeia viviam muitos muçulmanos, e eu encontrava quase sempre as mesmas pessoas na padaria. Nós nos cumprimentávamos acenando com a cabeça enquanto aguardávamos na fila, pois eu não sabia dizer mais que uma ou duas frases no idioma ladaque.

Após o café da manhã eu ia ao templo budista localizado num monte do outro lado da rua. Ficava por lá, simplesmente sentado ou passeando por uma ou duas horas pelas imediações. Depois, tomava uma ducha com a água de degelo que descia por um riacho próximo, sentava-me ao sol no terraço e lia um livro ou escrevia um pouco. À noite, preparava um *chutagi*, prato tradicional da cozinha ladaque. De vez em quando era convidado para jantar pelos moradores locais. Uma vez por semana, visitava um vilarejo da região. Escurecia cedo, por isso eu ia para a cama, o mais tardar, às nove da noite. Não havia televisão, e eu raramente usava o telefone, mas não me fazia nenhuma falta.

Certa vez passei o inverno em Dharamsala, a cidade onde vive o dalai-lama, no norte da Índia. Normalmente, a cidade parece um formigueiro, tomada de peregrinos budistas e turistas do mundo inteiro, mas com o inverno gelado das montanhas altas vem o sossego. Subi os trezentos degraus que levam ao vilarejo de Dharamkot e, ao chegar naquele lugar esplêndido e ensolarado, decidi alugar um quarto ali.

Hoje, infelizmente, o turismo também já tomou conta de Dharamkot, mas na época não havia albergues nem cafés, apenas algumas residências. Reinava um silêncio maravilhoso. De manhã, eu descia os trezentos degraus e ia a uma hospedaria comprar um pão tibetano chamado *balep*; à noite, acendia o forno de barro e preparava uma sopa simples, como a *thukpa*. A minha senhoria me dava folhas de hortelã-pimenta secas para o meu chá, e eu bebia observando as estrelas surgirem no céu – em Dharamkot é possível ver muitas estrelas – e as casas ao longo das encostas, que iam acendendo as luzes uma após a outra, como se uma avisasse à outra que estava na hora.

Meu quarto não tinha calefação, por isso eu precisava sair para me aquecer ao sol da manhã. Macacos e papagaios se juntavam a mim para se esquentar. Eu aproveitava os dias bonitos para subir um pouco mais a montanha e desfrutar a vista lá de cima, na neve endurecida. Meus olhos se abriam mais rápido do que a lente objetiva da minha câmera fotográfica. Perto do meu alojamento havia algumas trilhas, e eu me deixava seduzir por elas. Todos os dias dedicava algum tempo à escrita. A estadia era bem barata.

A vida simples e a comida simples faziam de mim um homem simples, e essa simplicidade me aproximava de mim mesmo. Há pessoas que não seriam capazes de viver assim, mas esse era o tipo de vida que mais satisfazia a minha alma. Passei a ignorar todos os assuntos supérfluos e todos os encontros dispensáveis, e com isso desabrochei por dentro. O luxo gera cultura, mas a simplicidade forma o espírito. Em Dharamsala, visitei muitos templos, contemplei inúmeras estátuas de divindades e descobri o lugar sagrado dentro de mim.

Em *Memórias, sonhos, reflexões*, Jung escreve: "Precipitamo-nos desenfreadamente para o novo, impelidos por um sentimento crescente de mal-estar, de descontentamento, de agitação. Não vivemos mais do que possuímos, porém de promessas; não vemos mais a luz do dia presente, porém perscrutamos a sombra do futuro, esperando a verdadeira alvorada. Não queremos compreender que o melhor é sempre compensado pelo pior. A esperança de uma liberdade maior é anulada pela escravidão do Estado, sem falar dos terríveis perigos aos quais nos expõem as brilhantes descobertas da ciência." Jung estava convencido de que o desenvolvimento e o progresso não são capazes de aumentar o bem-estar, a felicidade ou a satisfação de modo geral. "Na maioria das vezes são suavizações passageiras da existência, como, por exemplo, os processos de economizar tempo, que infelizmente só lhe precipita o ritmo, deixando-nos, assim, cada vez, menos tempo." Jung dizia que viver na torre em Bollingen era como viver no passado. As únicas novidades que um homem do século XVII encontraria ali eram uma lamparina a querosene e fósforos.

Você tem um lugar assim? Um lugar só seu, onde pode refletir e respirar fundo? Um lugar para onde ir sempre que tem a sensação de que a sua vida perdeu o sentido? O lugar que Deus marcou no mapa especialmente para você?

Todos nós deveríamos ter um refúgio, uma torre só nossa. Seja uma construção, uma floresta ou uma praia deserta, é importante ter um lugar onde possamos descansar os sentidos sobrecarregados e focar na nossa alma. Um lugar que é partida e chegada ao mesmo tempo. No refúgio, deixamos de ser outra pessoa e somos apenas nós mesmos. No dia a dia, perdemos muito tempo escondendo nosso verdadeiro rosto. No refúgio, não precisamos nos submeter às vontades dos outros. Nesse lugar, nossa alma está protegida do mundo exterior e de seus ruídos. Ficamos livres das exigências que nos são impostas.

E é nesse instante que um espaço sagrado se abre dentro de nós. É um momento de sabedoria e confiança; um momento em que o gelo dentro de nós derrete. Nesse momento, nós nos conectamos com nossa fonte de energia e renascemos. Somos uma lagarta que acaba de sair do casulo, respira fundo e sente a própria fragrância, pois, como escreveu Elisabeth Apel, "o risco de permanecer no casulo é mais doloroso que o risco de desabrochar".

Você não é perfeito, mas pode me oferecer uma rosa perfeita

Pouco antes de me formar no ensino médio, de um dia para outro, comecei a sentir dores de cabeça tão fortes que precisei ir ao hospital. Fiquei lá um mês. Encheram minha cabeça de eletrodos para medir minhas ondas cerebrais e fizeram uma punção lombar para tirar uma amostra de líquido cerebrospinal, mas não encontraram explicação para os sintomas. Acabei sendo transferido para a ala psiquiátrica – não por causa das dores de cabeça, mas por causa dos pensamentos que me atormentavam e das coisas que eu fazia e não sabia explicar (por exemplo, cortar o alto do boné que fazia parte do nosso uniforme escolar por causa das dores de cabeça, deixando o topo da cabeça à mostra).

Mas em comparação com as pessoas com problemas psiquiátricos naquela ala, eu parecia bastante saudável. Um advogado que havia sido reprovado várias vezes nas provas para poder exercer a profissão se dizia juiz e me chamava de "senhor advogado". Outro achava que eu era informante de uma agência e tinha sido enviado para espioná-lo. Eu intercalava esses dois papéis ao longo do dia.

Poucos dias após ser internado na ala psiquiátrica tive a minha primeira sessão de terapia com um psiquiatra, que também era diretor do centro. Não me lembro de boa parte do que aconteceu durante a sessão, mas nunca vou me esquecer do que ele me disse no final:

– Você não é normal.

Na escola, quando meu professor bateu com o boné na minha cabeça e me disse isso, eu não me importei. Mas quando um psiquiatra todo vestido de branco me disse as mesmas palavras com aquela expressão no rosto, eu senti os olhos marejarem.

Comecei a chorar diante do psiquiatra. Queria esconder a cara, quando ele acrescentou:

– Mas também não é anormal. Assim, não vejo motivo para você continuar aqui.

Não consegui me conter e comecei a chorar copiosamente.

Graças a um bom médico – sem o qual talvez eu tivesse passado o resto da vida com uma dupla personalidade, de advogado e espião –, tive alta no mesmo dia, me esforcei para terminar o ensino médio e finalmente consegui entrar para faculdade de Letras.

Certa vez, durante uma estadia num *ashram* indiano, fui tomado por um fluxo incessante de pensamentos do meu inconsciente. Aquilo me desesperou. Aprendi que quando caímos nas garras da loucura perdemos peso rapidamente. Vaguei sem rumo durante um tempo, e quando voltei ao *ashram* era só pele e ossos. Por acaso um amigo coreano que vivia nos Estados Unidos estava de viagem ali na época. Ele me levou até uma figueira-dos-pagodes, e nos sentamos à sombra da árvore.

– Você é louco! – exclamou meu amigo, me abraçando e passando a mão nas minhas costas. – Mas não se preocupe: não está totalmente louco!

O abraço, e sobretudo as palavras, me proporcionou consolo e força. Eu não era "totalmente louco"!

O que pode nos ajudar nos momentos de instabilidade mental? Provavelmente, frases como esta: "Você não é normal, mas também não é anormal. Sim, é verdade, você tem muitos problemas, mas também tem um grande talento: é extremamente capaz de arranjar problemas! Ou seja: você não é um caso perdido."

O que não ajuda são palavras de consolo bem-intencionadas do tipo: "Você é normal, não tem problema nenhum."

Eu olho para a minha própria história e percebo que existe uma certa criatividade em cortar o alto do boné e deixar o topo da cabeça exposto. E, além do mais, quem nunca teve a sensação de ser meio louco? Na verdade, as pessoas que têm um problema grave são as que precisam se reconfortar com frases do tipo "Você não tem nenhum problema" ou "Você é completamente normal".

Talvez fosse melhor dizermos o seguinte: "Pode ser que, de alguma forma, você seja uma pessoa estranha, mas saiba que quando sentir que não pertence a lugar algum, não é o fim do mundo. Talvez você seja louco, mas há pessoas que extraem forças da própria loucura. Às vezes, ser um pouco louco é útil, e ser normal não é necessariamente motivo de orgulho."

Ao final de um evento no templo de Cambridge, Boston, o monge coreano Sungsan Sunim, que vive nos Estados Unidos, abriu para perguntas da plateia. Um jovem nas últimas fileiras se apresentou e falou tanta bobagem que as pessoas na sala se sentiram extremamente incomodadas. Em seguida, viraram na direção de Sunim para ouvir a resposta.

Sungsan Sunim encarou o jovem por cima dos óculos, um olhar tão penetrante que a sala ficou imediatamente em silêncio. Então, inclinou-se de leve para a frente e exclamou a plenos pulmões:

– Você é louco!

Todos prenderam a respiração, impressionados. Até os alunos de Sungsan Sunim ficaram perplexos. Queriam ir a Sungsan Sunim e cochichar: "Talvez ele seja louco mesmo, mas falar com ele nesse tom num evento público não é uma boa ideia."

Mas Sungsan Sunim ainda não acabara de falar. Após uma

pausa de alguns segundos – que para a plateia pareceu uma eternidade –, ele prosseguiu:

– Porém – fez uma nova pausa – não é totalmente louco!

Todos respiraram aliviados, e o ambiente descontraiu de imediato. Instalou-se uma sensação de tranquilidade, que também tomou conta do jovem que era "louco, mas não totalmente louco".

Sungsan Sunim não recuava perante ninguém. Jon Kabat-Zinn, professor emérito da Faculdade de Medicina da Universidade de Massachusetts, em Worcester, e aluno de Sunim, fez o seguinte comentário sobre a situação: "Sungsan Sunim quis dizer que devemos aceitar nossa loucura de cabeça erguida e abraçá-la, pois isso nos dá coragem para encontrar o caminho de volta para a perfeição espiritual. Podemos nos tornar alguém que superou as próprias fraquezas, assumindo-as como de fato são. Com isso, não precisaremos mais nos deixar enganar por elas e nos aproximaremos da nossa plenitude."

Queremos alguém que nos ame incondicionalmente. Queremos alguém que nos diga: "Você não é perfeito nem nunca vai ser, mas é lindo." No entanto, a maior alegria que podemos sentir é quando essa voz vem do nosso interior. Mesmo uma pessoa que não é perfeita pode oferecer uma rosa perfeita.

Parte 3

As palavras "cavar" e "plantar" descrevem ações semelhantes, mas têm significados completamente diferentes. Na vida, há momentos em que nos sentimos enterrados na mais absoluta escuridão. Porém, na realidade, fomos plantados ali. Nossos sentidos da audição e do olfato se aguçam, e criamos raízes para brotar e florescer no momento certo. Às vezes temos a sensação de que a vida nos enterrou vivos, mas cabe a nós mudar a forma de enxergar e agir como se tivéssemos sido plantados. Quando aceitamos que estamos plantados, o nosso sofrimento momentâneo deixa de ser o fim da história.

Sobre enterrar e plantar

No vigésimo quarto outono da minha vida, aluguei um quarto perto da universidade onde estudava. Ficava num prédio de escritórios baixo e bastante antigo, com as janelas do vão da escada destruídas. Meu senhorio era dono de um andar inteiro e transformara o lugar em apartamentos residenciais – inclusive morava em um deles com a família. Eu me despedi do lugar onde tinha morado por um tempo, o barracão à margem do rio Han, e me mudei para perto dessa família, também como inquilino.

Após empilhar meus livros junto à parede, quase não sobrou espaço para me deitar no chão, mas eu convivia bem com isso, pois, além de ter vista para a rua, o quarto era muito barato. E, como falei, ficava perto da universidade, o que reduzia a chance de eu faltar às aulas. A essa altura eu havia sido reprovado em algumas disciplinas, e se isso acontecesse de novo poderia ser jubilado.

Meu senhorio era um homem agressivo. Logo no primeiro dia eu o ouvi gritar com a mulher e a filha. Quando estava bêbado, ele as xingava e até as agredia fisicamente. Eu tinha apenas 24 anos, mas já havia vivido um ano na rua e sobrevivido a uma enchente num barracão à margem de um rio. Não seria um sujeito daqueles que me assustaria!

Quem me dera eu tivesse essa coragem... Só de pensar no sujeito minhas pernas tremiam. E não era para menos: ele era grande, forte e atirava qualquer coisa que tivesse à mão.

Em dado momento fui ao banheiro coletivo e voltei de mansinho, mas logo depois, de repente, ele escancarou a porta do meu quarto sem bater e gritou:

– Você está proibido de entrar no meu banheiro. Eu te aluguei um quarto, não o banheiro!

Ele não podia estar falando a sério! Corajosamente, eu o enfrentei:

– Sim, eu aluguei um quarto, mas é óbvio que o banheiro faz parte do acordo. Do contrário eu rasgo o contrato, e você vai ter que me devolver meu dinheiro!

Novamente, quem me dera eu tivesse essa coragem...

Na verdade ouvi tudo calado. Minha tática era ser gentil sempre. A partir daí, o que aconteceu foi uma luta pela sobrevivência em busca de soluções para um fenômeno biológico – não como estudante de literatura, mas como ser humano. O único banheiro que me restava era o do hospital universitário, que ficava a uns 700 metros de distância.

Em situações normais, eu demorava no máximo 10 minutos para chegar lá, mas 700 metros se transformam numa maratona em situações de urgência. Com frequência eu me distraía numa leitura empolgante e quando percebia estava apertado e tinha que sair correndo desesperado – às vezes depois da meia-noite, com a rua deserta. Se alguém cronometrasse, me ofereceria uma vaga na equipe olímpica de atletismo. Mesmo sob chuva ou neve eu tinha que sair do quarto e percorrer quase um quilômetro e meio de ida e volta só para usar um banheiro.

Morei no quarto por uns seis meses. Durante esse tempo, onde quer que estivesse, sempre ia ao banheiro antes de voltar para casa. Com isso, desenvolvi uma espécie de neurose obsessiva que me tirava da cama à meia-noite ou logo ao amanhecer, me obrigando a sair dali para usar o banheiro do hospital universitário. Certa vez deparei com um professor na entrada do hospital logo de manhã cedo. Ele me cumprimentou e me perguntou alguma coisa, mas eu passei correndo por ele e não falei nada. Ainda hoje me pergunto se foi por isso que ele quase me reprovou. Mas o que eu podia fazer? Estava em alerta vermelho! Pensando bem, ele também não foi muito educado ao se colocar no meu caminho. Tudo bem, admito que a maior parcela de culpa é minha, porque eu vivia matando as aulas dele.

A essa altura eu tinha feito 25 anos. Foi a época em que devorei os romances existencialistas de Camus, em que mergulhei no conceito do super-homem de Nietzsche e saboreei as obras de Bachelard com lápis à mão. Foi a época em que me sentei a sós com uma vela acesa e jurei dedicar minha vida exclusivamente à literatura e aspirar apenas às questões existenciais, sem me deixar influenciar pelo mundo exterior. Justamente nessa época a realidade me acertou em cheio com a necessidade ridícula de ter um banheiro. Eu não queria um planeta puro e belo? Para isso, não podia ter dificuldade em ir ao banheiro...

Uma coisa eu posso garantir de cabeça erguida: sempre consegui chegar ao banheiro do hospital universitário a tempo. Graças a isso, de alguma forma toda essa situação patética foi suportável e não causou grandes danos à minha alma. Hoje, quando penso na situação, dou risada, mas na época eu achava aquilo o fim do mundo e me queixava com Deus.

Neste ponto do texto eu queria escrever algo sobre a Divina Providência, mas não consegui encontrar uma boa forma de fazer essa mudança de tema. Que Divina Providência pode haver numa história como essa? Enfim, sem problema. O que eu quero dizer é o seguinte:

As palavras "cavar" e "plantar" descrevem ações semelhantes, mas têm significados completamente diferentes. Na vida, há momentos em que nos sentimos enterrados na mais absoluta escuridão. Porém, na realidade, fomos plantados ali. Nossos sentidos da audição e do olfato se aguçam, e criamos raízes para brotar e florescer no momento certo. Às vezes temos a sensação de que a vida nos enterrou vivos, mas cabe a nós mudar a forma de enxergar e agir como se tivéssemos sido plantados. Quando aceitamos que estamos plantados, o nosso sofrimento momentâneo deixa de ser o fim da história.

Gosto mais de mim quando estou com você

Uma pesquisadora passou um ano na reserva dos índios navajos, no sudoeste dos Estados Unidos, como parte de seus estudos para a tese de doutorado. Morou na cabana de uma família indígena, comeu junto com as pessoas e trabalhou lado a lado com elas. Participou do dia a dia da tribo. A avó da família mal falava inglês, mas com o tempo foi se aproximando da visitante, e as duas acabaram desenvolvendo uma grande amizade. Não falavam a mesma língua, mas descobriram outra, que ambas dominavam: o idioma do amor e da compreensão.
Quando chegou o momento da despedida, a tribo deu uma festa em homenagem à cientista. Ela havia conquistado o coração das pessoas, e todos estavam tristes com sua partida. Ela já estava dentro da caminhonete, pronta para ir embora, quando viu a avó da família correr em sua direção. Chorando, a avó segurou o rosto da jovem mulher com suas mãos curtidas pelo clima seco e pelo passar dos anos, olhou-a nos olhos e falou em seu inglês gaguejante:
– Gosto mais de mim quando estou com você.
Sei que não sou a única pessoa que inveja a relação entre as duas mulheres. Embora tivessem seguido caminhos diferentes na vida, elas entendiam uma a outra profundamente, e graças a isso aprenderam a dar mais valor a si mesmas. A pesquisadora chegou à tribo com a missão de observar o modo de vida dos navajos a partir de uma perspectiva imparcial e científica. Mas os

indígenas a acolheram, ultrapassando todas as barreiras linguísticas e culturais. Ela se permitiu a troca, se envolveu com a tribo e se tornou um deles.

O amor, a compreensão e a empatia nos permitem manter uma relação recíproca de coração aberto e estar em contato com nosso íntimo. Com isso, a relação se desenvolve, ultrapassa o nível da amizade e se transforma em algo transcendente e espiritual.

Na Índia, fui discípulo do mestre Sukhdev Babaji, porque ele tinha um cabelo impressionante e porque era sempre sincero comigo. Enquanto a maior parte das pessoas é simplesmente falsa ou sincera até demais, nos meus encontros com Sukhdev, nunca percebi nada de artificial. Ele era simpático, mas não tentava me agradar.

Por esse motivo, eu também tinha a sensação de que não precisava fingir nem me curvar perante Sukhdev. Quando ele sorria para mim, sorria de verdade, e, quando me recebia com cordialidade, era de coração. Gostávamos de nos sentar à beira do rio Ganges pela manhã, e, quando estávamos juntos, Sukhdev estava comigo por inteiro – ele não se perdia em pensamentos o tempo todo, como eu. Sukhdev não tinha qualquer tipo de segunda intenção ou expectativa em relação a mim. Se isso não é amor, o que é?

Certo dia, fizemos uma viagem curta a um lugar histórico. Levei minha velha máquina fotográfica e, em dado momento, o botão do disparador caiu. Comecei a procurá-lo sem muito empenho, ao passo que Sukhdev não tirava os olhos do chão e usava as duas mãos para segurar o cabelo de dois metros de comprimento enrolado no alto da cabeça. Quando finalmente encontrou o botão prateado no meio do campo de trevos, ele ficou mais feliz do que eu.

Meio de brincadeira, sugeri que, já que estávamos ali, podíamos procurar um trevo de quatro folhas. Não precisei repetir.

Como uma criança, Sukhdev se sentou no chão e passou meia hora fazendo um pente-fino na área. Durante todo esse tempo segurou sua farta cabeleira num turbante vermelho enorme. Ainda hoje às vezes pego para ver as fotografias que tirei na época. Sukhdev nunca me deu qualquer lição ou conselho e sempre me parabenizou com sinceridade e alegria quando eu publicava um livro novo ou tinha qualquer coisa a comemorar. Foi assim que ele me ajudou a gostar de mim mesmo. Qualquer discípulo mediano e atrevido como eu tem sorte de contar com um grande mestre como ele.

O que meu mestre me deu além de amor? Autenticidade na convivência e uma profunda troca espiritual. Sukhdev Babaji não está mais entre nós, porém deixou uma chama acesa dentro de mim. Ele sempre esteve ao meu lado, me dando toda a atenção, e nunca me julgou. Isso é mais valioso do que todos os conceitos e conhecimentos que um mestre pode ensinar.

Quando gostamos de uma pessoa e queremos estar com ela, não é por causa do afeto que sentimos por ela, mas porque gostamos de nós mesmos na presença dela e porque estamos mais próximos do nosso interior. Por outro lado, quando instintivamente nos afastamos ou evitamos contato com alguém, na maioria das vezes é porque não gostamos de nós mesmos quando estamos com essa pessoa.

Você tem a sorte de contar com alguém que lhe diga "Gosto mais de mim quando estou com você"?

Quem sou eu quando ninguém está me observando?

"Quem sou eu?" A resposta a essa pergunta não está nos princípios nem nas opiniões que defendemos, e sim em quem somos quando estamos sozinhos. São os pequenos gestos e comportamentos inconscientes que marcam o ritmo do nosso corpo e revelam nosso interior e nossa vibração.

O departamento editorial de uma das editoras que publicam meus livros sofreu uma reestruturação e me avisaram que "a nova editora" viria à minha casa fazer uma visita, mas justamente no dia combinado eu me atrasei na rua e cheguei em casa mais tarde do que planejava. Enquanto me esperava, a editora ficou brincando com meu cachorro; aliás, os dois se tornaram amigos. Curioso (esse era o nome do meu cachorro) não costumava se dar bem com desconhecidos. A mulher devia ter alguma magia, porque Curioso chegou a ficar deitado de barriga para cima para ganhar carinho. Quando cheguei em casa, ele nem sequer me recebeu abanando a cauda. Alguma coisa estava errada!

Quando a editora me visitou pela segunda vez, novamente precisou me esperar um pouco, pois eu estava terminando um manuscrito. Estávamos na primavera, por isso ela saiu para o jardim, sentou-se tranquilamente e ficou contemplando os narcisos, que estavam prestes a desabrochar. Curioso se deitou aos pés dela e fez o mesmo.

Ela adorou o jardim. Era uma mulher com grande sensibilidade para plantas e animais, algo tão natural que eu me abri com ela sem hesitar, embora no fundo não quisesse trabalhar com uma nova editora. Desde então passaram-se 15 anos, e ela cuidou de todos os meus livros durante esse período, independentemente da casa editorial que os publicou. De lá para cá, a única diferença é que, infelizmente, Curioso se foi, e agora existe um novo membro na família, o Trovão, que, como seu antecessor, fica de barriga para cima ao vê-la.

Ela também participa do meu projeto de apoio a crianças carentes na Índia e, de vez em quando, envia presentes, roupas ou material escolar. Como as crianças não falam inglês, ela decidiu aprender um pouco de híndi, e junto com as coisas manda cartões com o nome de cada criança e algumas palavras. Ler em híndi equivale mais ou menos a decifrar hieróglifos. Aprender o idioma sem a ajuda de um professor é dificílimo, e é preciso ter muito amor no coração para se dar a esse trabalho. Pela forma como as crianças perguntaram sobre ela na última visita que fiz, ficou claro que a adoravam.

Nas relações humanas, há momentos em que o nosso coração se abre. É como se o outro entendesse tacitamente o que nós sentimos ou o que nos move, e isso, por sua vez, nos deixa contentes ou receosos. É comum que em alguns momentos fiquemos sem rumo, vagando pela vida, como pássaros desorientados durante uma tempestade. Mas essas pessoas nos devolvem ao mundo e nos reorientam. Percorrer parte do caminho da vida com elas é uma bênção.

O psicólogo Milton Erickson conta como pagou seus estudos vendendo livros de porta em porta. Certo dia, foi a uma fazenda, mas o dono não se interessava por livros.

– Não leio e não preciso ler nada – disse o homem. – Só me interesso pelos meus porcos.

– Mesmo assim, posso falar um pouco sobre os meus livros enquanto o senhor alimenta seus porcos? – perguntou Erickson, que crescera numa fazenda. Enquanto explicava ao fazendeiro o que tinha a oferecer, pegou uma pedra lisa do chão e, sem pensar, começou a coçar as costas de um porco. Quando o fazendeiro percebeu o que Erickson estava fazendo, comentou:

– Vejo que o senhor gosta de porcos. Sabe do que eles gostam. Quero conhecer melhor qualquer pessoa que goste dos meus porcos. O que me diz de jantar e passar a noite aqui na fazenda hoje? Compro um ou dois livros.

O fazendeiro teve uma reação intuitiva à ação inconsciente de Erickson. São esses comportamentos espontâneos e genuínos que estimulam a comunicação interpessoal cotidiana num nível mais profundo, nos permitem conhecer verdadeiramente o outro e nos reconhecermos uns aos outros, mesmo quando um muro invisível nos impede de criar intimidade.

"As pessoas vão se esquecer do que você disse, vão se esquecer do que você fez, mas nunca vão se esquecer do sentimento que você provoca nelas", afirma a escritora americana Maya Angelou.

A bem da verdade, ninguém consegue esconder seu verdadeiro eu por muito tempo. Ele acaba se revelando sem percebermos – não nos pontos de vista que defendemos nem na nossa filosofia de vida, e sim nos nossos comportamentos inconscientes. O que eu faço ou que tipo de pessoa eu sou quando ninguém está me vendo? A resposta a essa pergunta reflete meu verdadeiro eu.

Um escritor inglês conta que certa vez estava viajando e decidiu parar num vilarejo. Começou a conversar com agricultores locais. Eram dez, e estavam observando um campo enorme que tinham arado juntos. A conversa era sobre quem havia arado quais partes do terreno. O escritor perguntou por que isso era importante, pois o jeito de arar o campo não fazia diferença na colheita. Os homens responderam que a questão era outra: eles distinguiam quem tinha arado cada parte do terreno pelo formato dos sulcos! Essa é uma sabedoria que, segundo o escritor, pode se aplicar à vida em geral.

Deus nos escuta, mas também observa o que fazemos. E nos julga de acordo com o que fazemos. Nosso jeito de viver revela coisas que não podem ser expressas por palavras. Os católicos conhecem o conceito de *coram Deo*, "na presença de Deus". Nenhuma máscara do mundo pode esconder de Deus o nosso verdadeiro eu.

Um elefante e uma formiga estavam brincando de esconde-esconde. Primeiro, a formiga procurou o elefante, o que, considerando-se o tamanho do paquiderme, não foi uma tarefa difícil. Depois, foi a vez de a formiga se esconder. Ela entrou num pequeno templo no qual o elefante não cabia. Mas o elefante logo encontrou a formiga, porque ela tirou os calçados, como todos devem fazem antes de entrar num templo.

A criança interior

Cada um à sua maneira, tanto Freud como Rilke escreveram sobre a criança que todos fomos um dia e que continua vivendo dentro de nós ao longo da vida, querendo ser amada.
Eu tinha 11 anos quando pensei em suicídio pela primeira vez. Foi num domingo. Estava brincando na nossa horta e enxotando as galinhas. Não era um terreno grande, mas aos olhos de uma criança parecia enorme. Olhando atentamente, vi umas pedras pretas e afiadas, que poderiam servir como ponta de flecha, e morangos silvestres maduros nos arbustos. No chiqueiro, os porcos bufavam para tirar os grãos de arroz presos no focinho e sorriam para mim quando eu usava um galho para coçar seu lombo. O aroma da primavera pairava no ar. As borboletas voavam de flor em flor, e ali perto, numa colina, os cucos cantavam. Eu não fazia ideia da tragédia que estava prestes a acontecer naquele cenário idílico.

Ouvi uma galinha a cacarejar e, quando me aproximei, vi um ovo no ninho de palha. Ainda estava quente. A galinha punha um ovo por dia – o que, para nós, na época, era uma preciosidade. Por isso, peguei o ovo com cuidado e o coloquei no lugar onde os guardávamos. Logo depois saí correndo para ir brincar com meus amigos que, imundos, gritavam e faziam travessuras com uns pedaços de pau perigosos. Peguei um pedaço de pau e me meti na confusão.

Quando cheguei em casa no fim do dia percebi que havia algo errado. O ovo que a galinha pusera tinha sumido, e todos me culparam, a começar pela minha irmã mais velha, que era responsável pela comida. Como eu vivia brincando lá fora, eles viram que eu estava imundo e segurando um pedaço de pau comprido e imediatamente começaram a me chamar de ladrão, afirmando que eu havia comido o ovo escondido. Meu irmão mais velho me chamou de mentiroso, e meu castigo foi ir para a cama sem jantar. Ninguém acreditou na minha inocência. Éramos pobres, e um ovo fazia grande diferença. Mas isso não justificava a condenação sem provas. Sequei as lágrimas do rosto, que ficou ainda mais sujo. Permaneci ali, de pé, sozinho, como uma criança desamparada.

Meu sentimento não era de tristeza nem de raiva, e sim de impotência – o sentimento que puxa o tapete de baixo dos nossos pés, nos destrói por dentro, e não há nada que possamos fazer. Saí de casa e, lá fora, soluçando de cócoras, optei pela morte.

No monte atrás da nossa casa havia um bosque de carvalhos. Era ali que eu, injustamente acusado de ser um ladrão de ovos, queria tirar a própria vida. Subi a encosta a passos firmes e decididos, como se quisesse me afastar da turba que me seguia para me impedir, mas no fundo eu me sentia completamente sozinho. Era um bosque antigo, de carvalhos altos e frondosos, e mesmo de dia o ambiente era sombrio. Quando cheguei no alto o sol estava se pondo, e perto do riacho que corria por ali tudo parecia mais sinistro do que de costume. Ali, simplesmente me deitei no chão e fiquei imóvel, esperando a morte. De repente, senti um olhar me atravessando.

Limpei as lágrimas e olhei em volta. Vi uma rã sobre uma folha na margem do riacho, me encarando. Era uma rã bebê. Não dava qualquer sinal de que queria sair dali. Fiquei um bom tempo parado diante dela, fitando-nos um ao outro. As lágrimas escorriam pelo meu rosto e pelo da rã também. Eu sorria para ela, e ela devolvia o sorriso com sua grande boca.

O incidente do ovo tinha ferido minha criança interior. Daquele dia em diante ela passou a me influenciar sempre que eu sentia que alguém duvidava da minha honestidade, o que me fez romper relações com parentes, amigos ou namoradas. Minha criança interior estava magoada e tinha vida própria. Era como uma queimadura que nunca fica completamente curada, ninguém podia tocá-la.

Se Deus me desse o poder de voltar a qualquer momento do passado, eu escolheria aquele dia de primavera sem pensar duas vezes. Como eu gostaria de entrar em casa com o ovo e oferecê-lo à minha família. Todos os detalhes daquele dia permanecem gravados na minha memória: o ninho de palha onde encontrei o ovo; o leve calor que ele irradiava pouco depois de sair da galinha; as borboletas brancas voando de flor em flor; os grunhidos dos porcos. E também a rã de olhos dourados que me fez esquecer a vontade de cometer suicídio.

Segundo o psicólogo John Bradshaw, todos nós carregamos no nosso interior uma criança que não consegue continuar se desenvolvendo devido às feridas do passado. As consequências dessas feridas se prolongam até o presente e afetam nossa psique. Chegamos à vida adulta antes de elas se fecharem, por isso alguns aspectos da nossa personalidade ficam congelados no passado e, por esse motivo, são corrompidos.

Minha criança interior foi a razão de eu ter me separado do primeiro grande amor da minha vida. Certo dia, ela suspeitou de mim em relação a alguma coisa, e sua postura me pegou de surpresa. Quando ela repetiu o comportamento, terminei o relacionamento sem pensar duas vezes – decisão que nenhum de nós superou completamente. Nossa criança interior anda sem rumo, numa busca desesperada pela pessoa perfeita, e quando se desilude com uma relação imperfeita, causa uma ferida profunda em si mesma e nos outros. O padrão é sempre igual, mas ela não percebe o que está fazendo.

Martha, uma francesa que conheci num centro de meditação, tinha 7 anos quando, certo dia, o pai saiu de casa e não voltou mais. A mãe não teve alternativa: foi trabalhar para sustentar a família. Martha foi criada pela avó. Nunca mais se pronunciou o nome do pai naquela casa – virou tabu. Por isso, a pequena Martha não teve chance de descobrir por que seu pai tinha desaparecido nem para onde tinha ido. Mesmo assim, o sofrimento emocional de sua mãe e sua avó foi transmitido a ela. Tinha mais de 20 anos quando descobriu que seu pai vivia com outra mulher.

Martha se casou e teve dois filhos. Tornou-se professora de Literatura Asiática e levava uma vida plena. Um dia, viajou sozinha à Irlanda. Quando voltou, comunicou ao marido que queria se separar. Ninguém conseguiu dissuadi-la da decisão repentina, e ela pôs fim ao casamento sem uma razão aparente. O marido teve que sair de casa, e os filhos tiveram que passar pela mesma situação que ela havia passado: foram criados pela avó. O padrão foi transmitido para a geração seguinte.

Só muito tempo depois Martha entendeu que tinha agido por um impulso interno. Marcada pelo trauma de infância, havia desenvolvido o medo inconsciente de que o marido também a abandonaria de repente. Assim, sua criança interior entrou em cena e impôs a separação antes que ele a deixasse. Era uma espécie de legítima defesa, estimulada por um medo não apaziguado da perda e da impotência.

Dentro de cada um de nós vive uma criança interior ferida, que se sente mal-amada e abandonada. Essa criança dificulta nossas relações interpessoais, provoca explosões de sentimentos e, por vezes, vira nossa vida do avesso. Segundo Bradshaw, a criança interior ferida é a principal causa do sofrimento humano.

Era uma vez um príncipe que vivia doente. Cansado dos problemas de seu filho, o rei o trancou num aposento do palácio e ordenou que ele só saísse de lá quando estivesse melhor. Mas o príncipe encontrou apenas angústia e sofrimento dentro de si, por isso permaneceu preso entre aquelas quatro paredes a vida toda. Ele estava doente de corpo e alma, e para sair dessa situação precisava de uma ajuda que só o rei poderia oferecer.

O príncipe representa nossa criança interior ferida, e nós somos o rei. Dentro de cada um de nós habita uma criança que se sente abandonada e indefesa – uma criança que deseja uma vida melhor para si e que quer desfrutar a própria existência. Devolver essa criança à vida é uma responsabilidade só nossa.

No livro *Reconciliation: Healing the Inner Child* (*Reconciliação: A cura da criança interior*), Thich Nhat Hanh afirma: "Dentro de cada um de nós existe uma pequena criança que sofre. Quase todos nós vivemos uma infância difícil, e muitos vivenciaram traumas. Procuramos esquecer esses momentos dolorosos para nos proteger e nos defender de futuros sofrimentos. Sempre que entramos em contato com a experiência desse sofrimento, acreditamos que não somos capazes de suportá-lo e mandamos nossos sentimentos e recordações para as profundezas do inconsciente. Há pessoas que passam décadas sem enfrentar essa criança, mas só porque a ignoramos não significa que ela não exista. A criança ferida continua dentro de nós e requer nossa atenção. Ela diz: 'Eu estou aqui. Eu estou aqui. Você não pode me evitar. Não pode fugir de mim.' Queremos pôr fim ao nosso sofrimento enviando essa criança para as profundezas do nosso interior e mantendo toda a distância possível dela. Mas a verdade é que o nosso sofrimento não termina – não conseguimos escapar dele, apenas prolongá-lo. Não precisamos olhar para o passado remoto para encontrar essa criança. Basta fazermos uma busca rápida no nosso interior. Neste exato momento o sofrimento dessa criança ferida está dentro de nós."

Um pai bate à porta do quarto do filho.
– Levante-se! – ordena ele através da porta fechada.
– Não quero, pai.
– Anda, levante-se! Você tem que ir para a escola.
– Não quero!
– Por quê?
– Por três motivos. Primeiro, porque não acho a escola divertida. Segundo, porque as crianças zombam de mim. E, terceiro, porque odeio a escola.
– E eu vou lhe dar três razões para ir à escola. Primeiro, porque é a sua obrigação. Segundo, porque faz tempo que as crianças não zombam de você. Terceiro, porque você tem 52 anos e é o diretor da escola. Levante-se! À tarde você pode brincar mais.

O homem tinha 52 anos e era diretor da escola – e a criança interior permanecia dentro dele.

Thich Nhat Hanh escreve também: "Se você prestar atenção, conseguirá ouvir o pedido de ajuda da criança que sofre dentro de si. Nesse instante, pare tudo o que estiver fazendo e abrace carinhosamente esse ser ferido. Use a linguagem do amor e fale com a criança: 'Deixei você sozinha no passado, virei as costas para você. Lamento muito. Quero lhe dar um abraço.' Em vez de lutar contra as nossas emoções, devemos nos cuidar, nos dedicar à nossa criança interior ferida e abraçá-la afetuosamente. Isso é o que vai nos ajudar. Ainda assim continuaremos tendo emoções difíceis de controlar, mas sofreremos menos com elas."

"Eu" é pronome ou verbo?

Eu tinha uns 25 anos quando um texto de minha autoria foi publicado pela primeira vez, num concurso literário. Ganhei nome com os livros de poesia que escrevi em seguida e, aonde quer que eu vá, para os outros sou sempre o poeta ou o escritor. Isso se tornou tão natural que eu mesmo me apresento dessa forma. Mas o conceito de "escritor" – assim como os conceitos de "vida", "amor" ou "viagem" – pertence a uma categoria de palavras que é mais um verbo do que um pronome ou substantivo: só tem validade quando usado no presente. Enquanto escrevo poemas sou poeta, mas em outros momentos não sou. Se eu estiver lendo outro autor, sou leitor; se estiver dirigindo um carro, sou motorista; se for ao médico, sou paciente; se estiver num café ou num restaurante, sou cliente. Para a minha companheira, sou companheiro; para meu filho, sou pai; e para o meu cão, sou seu dono querido. Para meu professor de híndi, sou aluno (que vive esquecendo o vocabulário), e, quando viajo pelo mundo, sou mochileiro. Ou seja, sou um verbo que está sujeito à influência do espaço e do tempo.

O "eu" não existe como algo fixo. Apenas desempenho o papel representado pelo substantivo. Um médico só é médico quando está tratando seus pacientes; um professor universitário só é professor universitário quando está dando aula. Em outros momentos, tanto um quanto outro não passam de motoristas, pedestres, turistas ou clientes. Quando um médico ou um professor insiste em ser chamado pelo seu título – doutor ou professor –, está se limitando e reduzindo seu livre-arbítrio e sua flexibilidade.

O padre jesuíta Anthony de Mello narra a seguinte história: Uma mulher estava em coma quando, de repente, ouviu uma voz distante perguntar:

– Quem é você?
– Eu sou a Cooper, a mulher do prefeito – respondeu ela.
– Não perguntei seu nome, nem de quem é esposa. Perguntei quem é você.
– Sou mãe de quatro filhos.
– Eu não perguntei de quem você é mãe. Perguntei quem é você.
– Sou professora numa escola primária.
– Também não perguntei sua profissão. Perguntei quem é você.
– Eu sou cristã.
– Não perguntei sua religião. Perguntei quem é você.

Em dado momento a mulher acordou do coma. E mudou de vida. Libertou-se do "eu" limitante no qual ela mesma se enclausurou e, com isso, se permitiu ter muito mais margem de manobra.

A imagem que criamos de nós mesmos também nos influencia no sentido inverso. Uma pessoa que sofre um acidente ou tem uma doença e passa a ter limitações físicas pode se denominar "incapacitada" e se identificar com tudo o que costuma ser associado à palavra. Alguém que recebe um diagnóstico de câncer passa a ser um canceroso, a viver como canceroso e a terminar seus dias como canceroso. Mas, com isso, se fecha para todas as outras possibilidades de desenvolver a personalidade, o que talvez seja ainda pior do que ter câncer.

O monge budista inglês Ajahn Brahm conta a história de uma amiga que estava com câncer em estágio terminal e pendurou um bilhete na porta do quarto do hospital: "Visitas estritamente proibidas! Exceto Ajahn Brahm." Ela odiava o fato de todos a tratarem como uma doente de câncer. Ajahn Brahm era o único que a tratava simplesmente como pessoa. Certo dia ele a visitou e ficou no quarto com ela por cerca de uma hora. Contaram piadas e riram muito. No dia seguinte, a mulher se despediu da vida sorrindo. Ele conta que aprendeu com a amiga a importância de tratarmos uns aos outros como pessoas.

Tenho uma amiga que vive se sentindo vítima de tudo. Talvez em um ou outro momento ela de fato tenha sido injustiçada ou maltratada, mas em geral ela se vitimiza por força do hábito. Na realidade, ainda no ensino médio ela teve a oportunidade de sair do país e estudar numa universidade de renome, e ainda jovem conseguiu o trabalho dos sonhos num cargo de gestão de uma grande empresa. Por que ela se sente constantemente uma vítima?

Muitas pessoas se definem com base na infância difícil que tiveram, nos fracassos ou nas experiências dolorosas, e nunca se livram desses papéis. É muito fácil pertencermos ao grupo dos "feios", dos "gordos", dos "velhos", dos "pobres", etc., mas a verdade é que cada pessoa que passa por nós na calçada é um pedestre; cada pessoa que vemos dirigindo um carro é um motorista; ou um leitor, quando está lendo um livro.

Vivemos a liberdade real no momento em que nos libertamos da nossa autoimagem. O mero fato de existir deveria nos permitir desabrochar, pois, para além das nossas posses e da nossa posição social, o verdadeiro eu é límpido e transparente como a água de um lago e dinâmico como a água do mar. Não por acaso Elisabeth Kübler-Ross, autora de *A roda da vida*, escreve: "Não importa se estamos no início ou no fim da vida, no auge da fama ou nas profundezas do desespero: continuamos sendo a pessoa por trás das nossas circunstâncias de vida. Somos o que somos;

não somos nossas doenças e atividades. A vida é o que somos, não o que fazemos."

Existem professores que, mesmo depois de aposentados, fazem questão de manter a imagem de professores. Existem políticos que ocupam um cargo por menos de um ano e querem ser chamados de ministros, deputados, senadores, etc. pelo resto da vida. A verdade, porém, é que só encontramos nosso verdadeiro "eu" quando paramos de interpretar papéis. Conheço muitas pessoas que afirmam que "encontraram a verdade". Descartaram o alter ego anterior e o substituíram por outro – o de "ser iluminado".

Tempos atrás, organizei uma expedição de trekking pelos Himalaias para um grupo de executivos e tive dificuldades com alguns que não conseguiam se afastar um segundo sequer da autoimagem de "diretor", "CEO", etc. Mesmo numa caminhonete cortando uma estrada coberta de neve no meio do nada, eles nunca eram apenas viajantes, agiam sempre como VIPs. Houve um momento em que os levei a um velho barracão nas altas montanhas, conforme tinha avisado *antes* de partirmos. Ao chegar lá, alguns não fizeram a menor questão de esconder que detestaram o lugar. A autoimagem limitada dessas pessoas foi um incômodo ao longo de toda a expedição, embora elas tivessem ido por vontade própria, pois queriam usar as privações que sofreriam na viagem para se conhecer melhor.

Por outro lado, há pessoas que não dão valor ao "status de celebridade", à fama, ao cargo, etc. Para elas, tudo isso é apenas algo como uma peça de roupa que o mundo veste nelas contra a sua vontade.

Toda busca espiritual começa com a pergunta: "Quem sou eu?" Essa pergunta deve ser precedida por outra: "Quem *não* sou eu?" Caso contrário, vamos responder que somos professores universitários, médicos, engenheiros, etc., e vamos falar apenas dos nossos papéis, não da nossa essência. As pessoas que se prendem a esses rótulos julgam os outros com base na posição e no status social.

Quando confundimos nossos papéis e nossa posição social com nosso eu, surge em nós um vazio que precisa ser preenchido, às vezes com compulsão por compras, com poder e status e até com cirurgias plásticas para melhorar a aparência. Quem trilha esse caminho acaba como um boneco de palha.

Numa das suas conferências, o psicoterapeuta Thomas Moore foi apresentado ao público da seguinte maneira: "Permitam-me dizer quem o orador de hoje *não* é. Ele não é artista, poeta, cientista..."

Quando Moore ouviu tudo o que não era, considerou um pouco injusto. Ora, por acaso ele não apresentava seminários na universidade? Não devia ao menos ser considerado um cientista? Mas, pensando bem, ele não se sentia todas essas coisas, e a apresentação incomum ia ao encontro do tema sobre o qual ele queria falar: "Como nos libertamos de tudo que nos identifica?" Moore concluiu que quando nos perguntamos quem *não* somos chegamos a descobertas muito surpreendentes.

No fundo, as pessoas não se sentem livres quando são definidas por determinado papel e querem se desvincular de qualquer rótulo. Somos um cosmos infinitamente dinâmico, cheio de cometas que passam zunindo, de pássaros cantando, de sonhos e fantasias. Somos partículas de pó dançando à luz do sol e ao mesmo tempo um universo gigantesco. Somos o vento que sacode as árvores e as ondas que quebram nas rochas.

Nosso "eu" não tem nada de fixo. Quando compreendemos isso, descobrimos nossa própria dinâmica e paramos de nos lançar no vazio. É então que chegamos ao aqui e agora.

"Eu" é um verbo que muda de significado a todo instante. Está sempre em movimento. Eu não sou meu passado – sou o agora, o presente. Se pensasse no rótulo de "escritor" como algo fixo, ele passaria a ser um substantivo morto. A morte é o único nome que não se transforma em verbo. Quando conheço alguém que não imagina que sou escritor, sinto-me livre. Para que uma pessoa encontre outra, é preciso que dois desconhecidos fiquem de frente. Quando isso acontece, um ser puro encontra outro.

Olá, minha alma querida, está tudo bem?

Eu quase nunca levo livros quando viajo. Prefiro visitar as livrarias locais, fugindo das grandes cadeias. Gosto de passar um ou dois dias folheando livros em livrarias desse tipo, é um programa obrigatório das minhas viagens. A alegria que senti ao descobrir uma livraria numa cidadezinha do Sri Lanka durante a guerra civil no país é inesquecível.

Infelizmente, com o passar do tempo, algumas livrarias antigas fecharam e, embora tenham sido substituídas por lojas de roupa ou de celular, ainda me imagino nelas, em frente às estantes, folheando livros. Em seu romance *Na rua das lojas escuras*, Patrick Modiano afirma que parte da nossa alma permanece nos lugares onde estivemos, mesmo que por pouco tempo. A alma também fica nos livros – tanto a do autor como a do leitor.

Da última vez que estive em Délhi, fui a uma livraria do Khan Market e comprei um exemplar de *O sentido da alma*, de Thomas Moore, uma excelente companhia na viagem. Devido a um nevoeiro, a partida do meu trem atrasou 14 horas. Permaneci esse tempo todo lendo na sala de espera da estação, e o livro deu sentido à minha alma. Dar sentido à nossa alma é cuidar dela, nutri-la, tal como cuidamos do nosso corpo com boa alimentação e exercícios físicos.

Segundo Thomas Moore, que fez parte da ordem católica dos servitas durante 12 anos, o sofrimento do espírito começa quando negligenciamos a alma. Cuidamos bem do corpo, mas deixamos a alma em segundo plano, um erro imperdoável. O sofrimento mental dos pacientes de Moore tinha origem na pouca importância que davam às suas próprias necessidades espirituais. Quando deixamos a alma em segundo plano, surgem em nós sentimentos de insignificância, assim como apatia, frustração, autorrecriminação, agressividade e vícios. A alma adoece porque lhe falta algo de importante que dê força para viver.

Em *O sentido da alma*, Thomas Moore narra a história de um homem que discute com a namorada e decide escrever uma carta para ela terminando a relação. Mas antes de a carta chegar à namorada, ele telefona para ela e pede que não leia, e ela atende ao pedido: rasga a carta antes de abri-la e a joga no lixo. Algum tempo depois, sente curiosidade e pensa em recuperar a carta no lixo, mas resiste ao impulso e desiste. Os dois seguem juntos. Ambos decidiram cuidar de sua alma. Segundo Platão, a missão mais importante da alma é viver. Quando aprendemos a pôr nossas preocupações de lado, estamos prestando um serviço à nossa alma.

Um marceneiro foi contratado para fazer a restauração de uma fazenda. Logo no primeiro dia, deu tudo errado. Ele pisou num prego e se feriu. A serra elétrica pifou, e, com a serra manual, o trabalho demoraria mais que o planejado. Para piorar, no fim do dia, sua velha caminhonete não ligou, e o chefe precisou levá-lo em casa. O marceneiro estava tão frustrado que não disse uma única palavra no caminho.

Quando chegaram, o marceneiro se ofereceu para apresentar sua família. A caminho da porta de entrada, parou junto a uma árvore e segurou a ponta de um galho. Dali em diante, parecia outra pessoa. Quando abriu a porta, todo o cansaço havia desaparecido do seu rosto. Com um sorriso de orelha a orelha, beijou a mulher e abraçou os dois filhos.

Ao final, o marceneiro acompanhou o chefe de volta ao carro. Quando passaram pela árvore, o chefe perguntou ao marceneiro por que ele havia segurado o galho. O homem sorriu e respondeu:
– Eu penduro as minhas preocupações na árvore. É normal ter problemas no trabalho, mas não posso, nem quero, trazê-los para dentro de casa, para minha mulher e meus filhos. Por isso eu sempre os penduro nesta árvore antes de entrar em casa. Na manhã seguinte, eu os pego de volta e os levo para o trabalho. Mas quase sempre eles desaparecem no meio do caminho. Não sei o motivo... talvez o vento os carregue.

Nossa alma perde a capacidade de se alegrar quando a sobrecarregamos com os problemas do dia a dia. Precisamos perder esse hábito o quanto antes. Só nos aproximamos da nossa infinitude interior quando cuidamos dela e permitimos que ela se desenvolva, pois parte dela vive no presente, mas a outra parte vive na eternidade.

Se existe um ser que nos observa lá do alto, muito acima de nós, o que ele dirá da nossa vida ao olhar aqui para baixo? Ele concluiria que perdemos a alma?

Era uma vez um homem que colocava o trabalho acima de tudo. Tudo o que ele fazia na vida era comer, dormir e trabalhar, e às vezes sentia um grande vazio interno. Certa noite, ele acordou e mal conseguia respirar. Não sabia onde estava nem quem era. Tinha a sensação de que não havia ninguém habitando seu interior. No dia seguinte, foi ao médico.

– Sua alma não conseguiu acompanhar seu ritmo e ficou pelo caminho – comentou o médico. – Sua alma se perdeu do senhor, e o senhor se perdeu da sua alma. Acontece muito. A alma sabe que perdeu a sua pessoa, mas muitas vezes a pessoa não percebe que perdeu a alma e continua vivendo sozinha.

O médico deu ao paciente o seguinte conselho:
– Existe um lugar que é especial para você. Vá até lá e espere. Sua alma provavelmente está procurando por você e vai encontrá-lo lá. É um lugar onde o senhor já esteve. Talvez precise esperar um tempo. Não posso fazer mais nada pelo senhor. Nenhum medicamento vai ajudá-lo.

O homem seguiu o conselho do médico e foi a um lugar que considerava especial. Sentou-se num banco e esperou. Não fez mais nada. Permaneceu ali, sentado, à espera. Passaram-se dias, semanas, meses – as estações do ano se seguiam umas às outras.

Uma tarde, ele ouviu um barulho, levantou os olhos, e ali estava ela – a alma que ele perdera, exausta, suja e debilitada.

– Finalmente! – exclamou ela.

Esta é a história que a escritora polonesa Olga Tokarczuk e a ilustradora Joanna Concejo contam no romance *A alma perdida*.

Ler, viajar, exercitar a criatividade, ter contato com a natureza – atividades desse tipo constroem nossa alma. Ter uma alimentação saudável, participar de conversas edificantes, ter experiências inesquecíveis e empolgantes – tudo isso nutre a alma. Desenvolver a sensibilidade artística – isto é, realizar as tarefas cotidianas com um cuidado especial e um senso estético – também contribui para o desenvolvimento espiritual, pois nos permite ter um contato mais profundo com o mundo. Cuidar da alma é caminhar num bosque, e não correr de um lado para outro num shopping.

Você pode ser jovem, mas não sabe a idade da sua alma. Para cuidar bem dela precisamos nos interessar pela nossa vida interior e compreender que não somos um corpo com uma alma, e sim uma alma com um corpo.

O reencontro – um milagre

Na primavera, plantei erva-caril no jardim, e o arbusto ganhou corpo. Estava na altura do meu ombro quando as flores amarelas desabrocharam. Fiquei aterrorizado – e ela também – quando vi um pequeno gafanhoto verde-claro com antenas ainda frágeis ali perto.

Desde então, eu e o gafanhoto nos cruzamos de vez em quando. Fiquei de olho, pois queria saber do que se alimentava e se estava sozinho. Ficava feliz quando o encontrava camuflado em meio às folhas e caules verdes e via que ele estava me olhando. Com o tempo, ele se transformou num gafanhoto grande, com pernas traseiras compridas, e completou sua muda final. Peguei minha enciclopédia de insetos na estante e li que as orelhas dos gafanhotos não medem sequer um milímetro de comprimento, mas reconhecem de longe a diferença entre o chamado de outros gafanhotos e o ultrassom de morcegos predadores.

Mas as surpresas não param por aí: certa vez, quando eu estava sentado no jardim com a enciclopédia nas pernas, o gafanhoto saltou de repente na minha mão. Foi uma sincronicidade digna de C. G. Jung!

O psiquiatra e psicanalista alemão conta que certa vez uma paciente lhe disse que os antigos egípcios consideravam o escaravelho um animal sagrado e que sonhara que alguém lhe oferecera uma joia em forma de escaravelho. Jung estava pensando nisso sentado de costas para a janela, quando ouviu um leve som de pancada atrás de si. Quando se virou, viu um inseto dourado batendo contra o vidro do lado de fora da janela. Abriu-a e pegou o inseto. Era um besouro. "Era o que tínhamos de mais próximo de um escaravelho na nossa região", escreveu ele.

Jung se referia a esses episódios aparentemente fortuitos como "sincronicidades" e descobriu, com base em suas investigações, que não se tratava de coincidências – ou seja, de acontecimentos fortuitos –, e sim que ocorriam quando nossa realidade entrava em contato com outra.

Eu me perguntei se aquele gafanhoto conhecia uma forma de se conectar com uma realidade que eu desconhecia. Na hora, fiquei sem reação e apenas o observei sentado na minha mão. Ele foi tateando, avançando até a manga da minha camisa, depois se sentou de novo. A forma como se movimentava me transmitia a sensação de que queria me dizer algo.

"Eu estou aqui, não no seu livro. Para saber alguma coisa sobre mim, nós teríamos que trocar de corpo. Você teria que ser eu. Ver a ilustração das minhas patas não é a mesma coisa que dar um salto!"

Dito e feito: trocamos de corpo. Com a ponta do dedo, acariciei as pernas do gafanhoto, depois segui a sugestão dele e entrei em seu corpo. Suas patas traseiras eram minhas. Pelos olhos dele, mesmo que por um segundo, vi seu mundo redondo. Depois ele saltou e foi embora.

Dizem que podemos ver algo que é invisível para os outros, se esse "algo" quiser ser visto por nós. Quando o gafanhoto se sentou na minha mão, talvez quisesse me mostrar que, apesar de eu ser um pouco maior do que ele e ter um corpo e um sistema nervoso um pouco mais complexo, não éramos tão diferentes um do outro.

Havia dias em que o gafanhoto pousava no mosquiteiro da minha janela e olhava para dentro do quarto, na minha direção, como se quisesse olhar de uma vida anterior para a minha vida atual. Parecia querer me contar algo que eu não conseguia interpretar. Do começo do verão até o fim do outono, ele passou todas as noites no meu jardim, chirriando, como se quisesse me relembrar que o universo é um emaranhado infinito de aprendizagens continuamente novas.

Alguém me contou certa vez que um mestre estava conversando com um discípulo quando uma abelha entrou em sua barba. O discípulo tomou um susto, mas o mestre concluiu que o inseto era um mensageiro do mundo espiritual e tinha uma mensagem a transmitir. Desde então, o discípulo ficou de olhos e ouvidos bem abertos, atento ao que acontecia à sua volta. Percebeu que sempre que ia ver o mestre cruzava com algum inseto, como uma abelha ou uma borboleta.

Não sei dizer exatamente quando aconteceu, mas ainda não tinha começado a época de geada quando, um dia, vi o gafanhoto caído em meio à folhagem com as antenas para baixo e as patas dianteiras encolhidas. Levantei-o com cuidado, mas ele não se mexeu. Tínhamos nos tornado bons amigos. Estávamos nos despedindo cedo demais.

Quando coloquei o gafanhoto no arbusto de erva-caril – que estava murcho – ele sussurrou:

– Não morri. Só estou fingindo. Volto na primavera.

É bem capaz de ter sido verdade. Talvez todos os seres vivos apenas se façam de mortos quando chega a hora. No vilarejo onde cresci, conheci um homem que escolheu sua tumba ainda em vida e gostava de se deitar lá. Depois que ele morreu e foi enterrado onde queria, por vezes me perguntei se ele estava se fingindo de morto.

A realidade é que não vamos a lugar nenhum. Estamos sempre aqui. Às vezes, trocamos de corpo com um inseto, às vezes com o de outra pessoa. Depois do meu encontro com o gafanhoto, sempre que reflito sobre meu primeiro mestre espiritual – que deixou seu corpo cedo demais –, penso: "Ele só está fingindo que morreu!"

Quando observo sua fotografia, em especial seus grandes olhos, tenho a sensação de que ele realmente está só se fazendo de morto. Penso o mesmo dos outros mestres e da minha mãe, que nos deixou há três anos. E também do meu cão, Curioso, que dividiu sua vida comigo durante 14 anos até falecer dias atrás.

– Curioso, você só está se fingindo de morto! Não me deixou para sempre!

Eu estava em prantos quando, a caminho da eternidade, ele me lançou um último olhar antes de deixar a cabeça cair para sempre e sussurrou:

– Sim, tem razão. Vou me fingir de morto até a roda do eterno retorno me trazer de volta a este lugar...

Espero que tudo isto não pareça literário demais, pois não tenho qualquer pretensão de encarar a morte como algo poético. Desejo, sim, transmitir a mensagem do meu gafanhoto – de que aquilo que chamamos de nascimento e morte não passa de uma metamorfose.

Foi a essa conclusão que cheguei no momento em que vi o gafanhoto caído, e parei de pensar nele, até que chegou o verão seguinte. Eu estava no jardim quando de repente vi algo verde-claro no meio do arbusto. Mal consegui acreditar! Era o gafanhoto! Quem sabe na próxima vez que nos reencontrarmos não vamos estar com os corpos trocados, o gafanhoto com meu cabelo comprido e eu com suas pernas verde-claras?

Ainda não estou preparado para morrer, mas aos poucos vou aprendendo a confiar na morte, tal como confio na vida. Não vai haver uma despedida eterna. Por isso, peço a todos: Não se despeçam de mim para sempre. Para onde iria, se só tenho este lugar? Espero que, nos meus últimos instantes de vida, alguém diga: "O Shiva Ryu só está fingindo que morreu."

Nesse momento eu me farei de morto, como o gafanhoto, e seguirei meu caminho.

Parte 4

No caminho da realização pessoal só é possível errar de duas formas: uma é não tentar percorrê-lo, e outra é não percorrê-lo até o fim. Qualquer que seja o seu caminho, incorpore-se a ele. Transforme-se no caminho antes de percorrê-lo. O poeta americano Charles Bukowski escreveu certa vez: "Se você for tentar, tente de verdade […]. Você levará sua vida direto para a risada perfeita. Esta é a única briga boa que existe."

Qualquer que seja o caminho que você percorra, incorpore-se a ele

Quando eu estava na faculdade, houve épocas em que dormi no gramado do campus universitário, pois nem sempre tinha dinheiro para alugar um quarto. Quando chovia ou fazia frio, eu entrava de fininho pela janela da sala de convivência da faculdade, tirava as cortinas e me cobria com elas. De manhã, acordava a tempo de pendurar as cortinas e sair sem ser visto. Por isso, minha aparência era sempre a pior possível: meu cabelo tinha começado a crescer; as solas dos meus tênis e sapatos tinham se soltado e faziam barulho quando eu caminhava, e como mesmo no verão fazia muito frio à noite eu andava sempre com um casaco preto.

Ninguém diria que eu era universitário. Eu era orgulhoso demais e não falava da minha situação para ninguém, e isso gerou mal-entendidos. Um dos meus professores, que sabia muito de literatura mas pouco da vida, vivia me criticando na frente da turma, dizendo que eu tinha aquela aparência suja e desleixada de propósito, para me fazer passar por intelectual. Muitos colegas também me achavam louco e evitavam contato. Um deles – que estava dois ou três semestres à minha frente – não fazia a menor questão de esconder que não tinha um pingo de simpatia por mim. Estava sempre de camisa limpa, terno e gravata. Andava de um lado para outro agarrado com uma pasta, e a segurava com tanta força que corria o risco de ter cãibra na mão. Ele me enxergava como um ser decadente que negava a realidade.

Esse colega me criticava sempre que podia, e eu simplesmente permanecia calado, focava em algum ponto do seu rosto e olhava através dele, como se fosse transparente. Ele era um hipócrita. Dizia-se um grande estudioso do Iluminismo mas nunca lera os poemas de Baudelaire nem de Rimbaud! Ele era chefe de redação do jornal universitário, que um dia publicou um artigo dizendo que eu era um vagabundo e que a minha presença no campus era tão negativa para a universidade que tirava de todos a vontade de contemplar o desabrochar das magnólias do terreno naquele início de primavera. Chegamos ao ápice da inimizade. Eu queria invadir a redação do jornal com uma motosserra e destruir as mesas, mas não podia gastar energia com bobagens, precisava dela para a literatura. Assim, apenas bufava de raiva para afastar o cabelo do rosto, um comportamento típico da decadência que todos viam em mim.

Não troquei mais uma única palavra com esse colega durante o tempo de faculdade. Não existíamos um para o outro, e quando me formei não derramei uma lágrima por deixar aquela etapa da vida para trás. Enquanto ele fazia mestrado eu perambulava pelas ruas sujas da Índia, e enquanto ele se tornava crítico literário e professor na nossa antiga universidade, eu percorreria os vales dos Himalaias com um rebanho de cabras. Nossas vidas, assim como nossas almas, eram totalmente distintas.

Vinte anos mais tarde, uma revista literária publicou uma edição especial dedicada aos meus poemas e planejou um debate com um crítico literário. E quem era esse crítico? Meu antigo colega! Após duas décadas era hora de dar um fim à antiga inimizade. Ao final do evento ficamos sentados frente a frente e perguntei por que ele só andava de terno e gravata na faculdade. Ele confessou que era porque era extremamente pobre. Fiquei surpreso. Também me revelou que não tinha dinheiro para pagar as mensalidades e, por isso, recebia bolsa de estudos. Em troca, chefiava a redação do jornal universitário. Por isso, precisava se vestir bem. Ele dormia na redação porque não tinha dinheiro para alugar um quartinho.

Revelei que na época também não tinha onde morar e que havia morado por um período no campus, entre as folhas e pétalas das cerejeiras. Ele caiu na gargalhada. Eu também. Eu e ele... Nós tínhamos muito em comum. Nossa alma não era tão diferente uma da outra. Ambos procuraram viver a situação da melhor forma possível. Enquanto ele juntava as mesas da redação para ter onde dormir, eu dormia na sala de convivência, usando uma cortina como cobertor. Mas nossas aspirações eram iguais. Ambos buscávamos o desenvolvimento interior, cada um percorrendo o caminho à sua maneira.

Em busca do seu verdadeiro eu, um homem revirou cada pedra, balançou cada árvore, examinou cada flor e observou atentamente tudo e todos que apareciam na sua frente. Chegava sempre à mesma conclusão: "Não sou isto nem aquilo." E assim descartava uma coisa atrás da outra. Nem rio nem mar, nem trovoada nem enchente, nem sequer uma montanha gigantesca o satisfazia. Como um mero fenômeno de transformação seria capaz de personificar seu verdadeiro eu?

Nome, estado civil, posição social – ele não era nada disso. O homem também excluía acontecimentos e experiências emocionais. Após analisar todas as coisas que existiam no planeta Terra, ele compreendeu que tudo que é visível não passa de ilusão, algo sem substância. Nesse momento de iluminação, jogou a cabeça para trás e olhou para o céu sorrindo. Entender o que seu verdadeiro *não* era lhe permitiu reconhecer seu verdadeiro eu.

Outro homem também iniciara a busca pelo seu verdadeiro eu. Reconhecia-se em tudo e todos. Era o elefante e o macaco que montava o elefante; era o papagaio que berrava ao ver o macaco; era o homem que punha o papagaio no ombro. Era montanha, rio e campo. O homem se reconhecia em tudo e todos.

– Eu sou tanto isso como aquilo – acreditava.

Foi até os confins do mundo, observou tudo com atenção e não conseguiu encontrar nada que não fosse ele. Nesse momento de iluminação, jogou a cabeça para trás e olhou para o céu estrelado sorrindo. Convicto de ser tudo, o homem reconheceu seu verdadeiro eu.

Ambos os homens tinham realizado uma busca pelo seu verdadeiro eu. O primeiro o encontrou ao excluir tudo o que não era, e o segundo, ao se ver em tudo que descobria. No Vedanta, o caminho do primeiro se chama "*neti, neti*" – caminho da negação. O do segundo se chama "*iti, iti*", caminho da afirmação. À primeira vista, eles parecem opostos, mas na prática são idênticos e levam ao mesmo objetivo. No caminho da realização pessoal só é possível errar de duas formas: uma é não tentar percorrê-lo, e outra é não percorrê-lo até o fim. "Qualquer que seja o seu caminho, incorpore-se a ele", dizia Buda aos seus discípulos. "Transforme-se no caminho antes de percorrê-lo." Quer escolhamos o caminho da negação ou o da afirmação, quando nos incorporamos a ele e o percorremos com firmeza, ao final descobrimos que todos levam ao mesmo ponto.

O poeta americano Charles Bukowski escreveu certa vez: "Se você for tentar, tente de verdade [...]. Você levará sua vida direto para a risada perfeita. Esta é a única briga boa que existe."

Pureza linguística – pura ficção

Certa vez eu estava percorrendo uma trilha de montanha no oeste do Nepal quando cheguei a uma casa. Bati à porta e pedi uma refeição, como costumava fazer para entrar em contato com o povo local. A menos que haja algum grande problema na hora, as pessoas atendem ao pedido com a maior boa vontade, e assim já me abriguei diversas vezes em casas de campo na região.

Dessa vez não foi diferente: fui muito bem recebido e cumprimentei os moradores da casa com meu nepalês macarrônico, mas de certo modo fluente, enquanto pousava minha mochila úmida de suor no chão de cerâmica. Quando vi a avó da família saindo apressada, perguntei-lhe aonde ia, e ela respondeu:

– *Mul!*

Não entendi. Samsana, a neta, falava inglês e me explicou que a avó tinha ido buscar água no poço atrás da casa.

Fiquei espantado. Na minha língua materna, o coreano, água é *mul*. Como aquela velha senhora nepalesa conhecia esta palavra coreana? Perguntei a Samsana se alguém da família havia morado na Coreia, mas ela respondeu que não. Em nepalês, água é *pānī*, mas no dialeto gurung, falado pela sua família, *mul* significava "água potável".

Eu componho poemas, estudei filologia coreana e domino bem o meu idioma. Ao escrever, procuro evitar palavras originárias do chinês antigo e prefiro termos puramente coreanos.

Quando comecei a aprender híndi, fiquei surpreso ao descobrir que orações interrogativas terminam quase da mesma maneira que em coreano. E existem palavras que soam muito parecidas nas duas línguas. Todas as línguas do mundo estão num único e enorme caldeirão, e acabei percebendo que a noção da "pureza linguística" não passa de uma ilusão egocêntrica. Isso me faz duvidar daquilo que chamo de "minha individualidade". Falo em "meus pensamentos", "minha mente", "meu eu", mas será que "meus pensamentos", "minha mente" e "meu eu" são meus mesmo?

Os pensamentos são tão contagiosos quanto as línguas. Os "pensamentos individuais" da minha mente estão misturados com os dos outros. Até que ponto é correto eu me identificar com determinados pensamentos e dizer: "Eu sou isso" ou "Eu não sou aquilo"? Será que não estou me agarrando à imagem de um eu fixo, que na verdade é apenas uma faceta da minha mente limitada, quando na verdade o "eu" está sempre mudando conforme interage com o exterior? Essa é uma ilusão difícil de desmascarar!

Para preservar nosso "eu", insistimos na ideia de que nossa língua, nossos pensamentos e nosso ser pertencem a nós e, portanto, são diferentes dos outros. Ao mesmo tempo, porém, essa é uma suposição que vem dos outros e a adotamos. Na verdade, a língua, os pensamentos e a mente estão interligados – aliás, são um só. O que restaria do "eu" se retirássemos tudo isso dele? Seria o restante o verdadeiro "eu individual"? Caso seja, por que Buda foi veemente ao afirmar que "eu individual" não existe e que tudo está conectado a tudo?

Será que o nosso "eu individual" – que eu tenho certeza de que existe – é mesmo diferente do "eu" dos outros e da essência universal do ser? Como podemos saber se os nossos "eus" são diferentes? A saudação mais comum na Índia, *namaste*, significa algo como "o deus que habita em mim saúda o deus que habita em ti".

São dois deuses distintos? Se forem, quem é este "eu" que escreve sobre o "eu"? Será que "eu" sou o "meu eu", diferente do "seu eu"? O "meu eu" existe?

Como é maravilhoso percorrer com o pensamento esses caminhos tão pouco explorados!

Quando a avó nepalesa voltou do poço com o *mul*, preparou para mim um almoço com legumes colhidos ali mesmo na horta. E, enquanto eu lhe fazia perguntas sobre como era a vida naquele lugar, vez ou outra ela usava uma palavra coreana nas respostas.

Não pense em macacos

Um homem vinha meditando havia meses, mas na verdade passou todo esse tempo travando uma luta inglória contra seus pensamentos indesejados, por isso não conseguia progredir. Seu mestre disse:

– É muito fácil. Não precisa fazer nada, só ficar sentado. Mas nunca, em hipótese alguma, pense em macacos.

O homem gostou do que ouviu. No vilarejo onde morava não havia macacos, e ele podia contar nos dedos as vezes que tinha visto um na vida. Então, sentou-se, como instruíra seu mestre. Era só não pensar em macacos. Nada mais simples! Fechou os olhos, e a primeira coisa que lhe ocorreu foi um macaco. Quanto mais tentava não pensar nele, mais o animal surgia em sua mente.

À beira da loucura, dias depois o homem decidiu procurar seu mestre.

– Por favor, expulse os macacos da minha cabeça! – suplicou.

– É fácil. Ao meditar, pense apenas em macacos.

O homem ficou contente. Pensar em macacos? Nada mais fácil! Ele voltou para casa e foi direto meditar. Fechou os olhos e quis pensar em macacos, mas na sua mente surgiam apenas galinhas, vacas e patos. Respirou fundo e tentou novamente. Mais uma vez, não conseguiu.

Quanto mais tentamos reprimir um pensamento, mais forte ele se torna. É como se, em vez de cumprimentarmos as pessoas com quem cruzamos na rua, obstruíssemos o caminho delas. É cansativo fazer isso com tanta gente ao mesmo tempo! Como o mestre demonstrou ao aluno, só conseguimos meditar quando nos limitamos a observar os pensamentos e permitimos que eles venham e vão com naturalidade.

Quando comecei a meditar, também senti que o mais difícil de tudo era a luta constante contra os pensamentos intrusos. Minha postura corporal era excelente, mas bastava um minuto para os pensamentos me distraírem. Eram reflexo do meu ceticismo, como se eu pensasse: "O que eu estou fazendo aqui mesmo?" Em seguida vinham outros pensamentos como:

"Endireite as costas. Apenas observe seus pensamentos."

"Não pense no passado ou no futuro. Concentre-se no momento presente."

"Prolongue ao máximo a respiração. Inspiiiira... expiiiira..."

"Talvez fosse melhor meditar depois de comer, né? Já estou com fome!"

"Hoje à noite vou cozinhar batata-doce."

"Sua mente já está divagando outra vez. Foco na respiração. Mais tarde você pensa no jantar."

"Por que estou me tratando por 'você'?"

"Que barulho foi esse lá fora? O gato?"

"Daqui a pouco vou ficar com cãibra nas pernas. Já estão começando a ficar dormentes."

"Afinal, o que eu ganho com a meditação?"

"Por que o mestre da história mencionou justamente macacos? Será que existe alguma relação entre macacos e meditação?"

Quem me olhasse acharia que eu havia entrado em *samadhi* – estado de consciência no qual a pessoa sente que alcançou uma unidade com o divino –, mas na verdade passava de tudo pela minha cabeça, de batatas-doces a macacos, e sobretudo pensamentos impacientes do tipo "isso é perda tempo", autocríticas por não ter força de vontade, ceticismo em relação aos benefícios da meditação e até a insanidade de que a meditação pode causar problemas psicológicos.

Uma revista sobre meditação publicou um artigo em que os maiores mestres ocidentais descreviam suas dificuldades quando começaram a meditar. Christine Hassler, *coach* e conselheira espiritual, recorda: "Eu vivia me criticando, me chamando de incompetente, só porque não conseguia parar de pensar."

Suze Yalof Schwartz, fundadora da Unplug Meditation, escreve: "Eu não conseguia me manter sentada. Achava aquilo um tédio. Era como se tudo fosse uma perda de tempo."

David Z., notório professor de *mindfulness*, descreve sua primeira experiência: "Durante a meditação, tínhamos que levantar a mão toda vez que pensávamos em algo. Quando isso acontecia, o mestre se aproximava e batia com um bambu comprido nas nossas costas. Duas semanas depois, parei de meditar."

A professora de meditação Lynne Goldberg narra: "Eu ficava me perguntando: 'Por quanto tempo ainda preciso aguentar isso?' Meu mantra era: 'Quanto tempo falta?' Minha mente era como um macaco selvagem pulando de um lado para outro, e a lista interminável de pensamentos que me passavam pela cabeça ia de coisas que eu tinha que fazer, passando pelas minhas dores de quadril e chegando à autocrítica."

Brett Larkin, que desenvolveu seu próprio estilo de ioga, admite: "Eu morria de dor nas panturrilhas e nos pés. Era como se alguém tivesse enfiado uma faca nas minhas costas. Apesar disso, eu relaxava e caía num sono profundo."

Lodro Rinzler, professor de meditação em várias universidades, confessa: "Eu ficava impaciente assim que me sentava para meditar. Passava o tempo todo pensando em me mexer."

Jeff Kober, ator e professor de meditação, conta: "Quanto mais eu tentava encontrar o silêncio de olhos fechados, mais ruidosos se tornavam meus pensamentos. Eu simplesmente não conseguia aquietar a mente."

Tara Brach, fundadora da Insight Meditation Community, em Washington, D.C., recorda: "Eu vivia me criticando, pensando que precisava melhorar na meditação, me considerando incompetente e incapaz. Vivia tensa e não conseguia me sentir grata pelo momento presente, o que ia totalmente contra o objetivo da meditação."

Apesar dos percalços, como essas pessoas conseguiram se tornar figuras de renome mundial no meio espiritual? A resposta é simples. Mesmo tendo que lidar com os pensamentos, o ceticismo e as dúvidas, elas não desistiram de meditar.

"Não interessa se conseguimos meditar bem ou não. O que conta é a vontade. É a vontade que dá sentido à meditação", diz Yongey Mingyur Rinpoche, mestre do budismo tibetano.

Comecei este texto com uma história sobre macacos, por isso resolvi terminar com outra.

De abril a agosto é a época das mangas na Índia. Nos mercados, para onde quer que olhe você verá essas frutas deliciosas que espantam qualquer melancolia da vida. A manga é originária do leste da Índia, plantada na região de Assam desde 2.000 a.C. Não é de admirar que a manga seja o fruto nacional da Índia. Existe mais de uma centena de variedades de manga, cada uma com um sabor. Algumas são melhores quando estão amarelas e maduras, outras, quando ainda estão verdes, e outras – como a variedade Gulab Khas – devem ser chupadas quando a casca está cor-de-rosa.

Era uma vez um povoado com diversas plantações de mangueira. Os donos dos terrenos não eram os únicos que esperavam ansiosos pela chegada do verão – nesse período, as árvores ficavam carregadas de frutas maduras, mas também de macacos que moravam na floresta próxima. Assim que as mangas começavam a ganhar tons amarelados, um bando de macacos invadia as plantações. Os proprietários tentavam expulsá-los a pedradas, e os gritos de dor dos animais eram ouvidos por toda a região. Por vezes os macacos fugiam sangrando, outros caíam duros no chão, e alguns poucos fugiam com uma manga.

Há mais de 4 mil anos, onde quer que houvesse mangas havia também uma guerra entre homens e macacos, mas pela primeira vez em milênios os macacos se reuniram na floresta para tratar do assunto. Kapi ("macaco" em sânscrito), o rei dos macacos, foi o primeiro a falar:

– Não podemos continuar permitindo que os homens nos tratem tão mal. Somos descendentes de Hanuman, o deus-macaco, e fomos nós que, na criação do Céu e da Terra, trouxemos aos homens ervas dos Himalaias para curar suas feridas. Agora vejam só como eles tratam a nós, seus antepassados! Atiram pedras só porque queremos pegar algumas mangas. Precisamos pensar no que fazer.

O sábio macaco Kala pediu a palavra:

– Precisamos ter nossas próprias mangueiras. Assim vamos poder comer as mangas que quisermos, e os homens não terão como fazer nada. Ouvi dizer que as mangueiras nascem dos caroços das frutas. Os homens apenas os enfiam na terra, e, pouco depois, nasce uma árvore. Só precisamos roubar uma manga, plantar um caroço e esperar um tempo para ter nossa própria mangueira.

Os macacos ficaram empolgados e aplaudiram. O rei dos macacos exclamou:

– Que solução simples! Se quisermos, podemos resolver nosso problema. Pela primeira vez na nossa história vamos ter uma mangueira só para nós!

Eles mandaram o macaco mais jovem e ágil às plantações. Enquanto os outros distraíam os proprietários, ele pegou uma manga e voltou correndo para a mata.

Num ritual solene, os macacos abriram um buraco na terra, colocaram o caroço de manga lá dentro e o taparam de volta. Depois, sentaram-se em volta e esperaram.

Passaram meio dia ali, mas nada indicava que uma árvore fosse brotar. Os macacos ficaram incrédulos. O tempo estava indo contra sua grande visão e demorava a passar. Mas eles não desistiram – continuaram ali na esperança de, em breve, ter uma fartura de mangas.

Passou-se um dia inteiro, mas nada aconteceu. Os macaquinhos menores perderam a paciência e começaram a andar de um lado para outro. Passou-se mais um dia, outro, e nada. Os adultos começaram a coçar o peito e, um a um, desfizeram o círculo. Claramente havia algo de errado.

Um dos que permaneciam sentados resmungou:

– Não consigo esperar mais! Não adianta nada ficar aqui sentado olhando para o chão. Por um lado, não temos nada, e por outro, logo aqui perto as mangueiras estão carregadas de frutas. Daqui a pouco passa a época das mangas e vamos ter que esperar meses! É tão ruim levar umas pedradas? A vida é assim mesmo, fazer o quê? A dor que sentimos para pegar as mangas é o motivo de elas serem tão doces e deliciosas. Acho que ninguém vai discordar de mim em relação a isso, certo?

Todos aplaudiram, mas então o rei dos macacos bradou:

– Precisamos ter paciência! Sabem por que nós, macacos, levamos essa vida dura? Porque somos impacientes! Temos que esperar no mínimo cinco dias se quisermos ter nossa própria mangueira.

Passaram-se cinco dias, mas nada aconteceu. Um macaco reclamou:

– Desperdiçamos cinco dias e não ganhamos nada. Vamos abrir o buraco e ver o que aconteceu.

Com a aprovação de todos, eles desenterraram o caroço e o atiraram com raiva no chão. O rei dos macacos disse:

– Vocês são uns idiotas! Nenhum desejo se realiza em cinco dias. Sonhamos com a nossa própria mangueira e temos um caroço. Só precisamos ter mais paciência. É por isso que não conseguimos ter nossa própria mangueira ao longo de todos esses milênios. Precisamos esperar pelo menos dez dias!

Mas os macacos não estavam mais ouvindo. Pulando de árvore em árvore, foram até as plantações e fizeram a festa debaixo de uma chuva de pedras.

Essa foi a fábula que um mestre contou a um aluno que queria aprender a meditar mas dias depois já queria ir embora.

Seja bem-vinda, emoção!

Na Índia ou no Sri Lanka, quando entramos num quarto de albergue, sempre encontramos outro hóspede – a lagartixa. Durante o dia, ela fica do lado de fora, deitada, tomando sol preguiçosamente, mas quando a noite cai, basta uma fenda milimétrica para ela entrar em casa e correr para o teto ou uma parede. As lagartixas se alimentam de insetos, e quando caçam fazem barulho. Certa vez, uma lagartixa caiu na minha cara quando eu estava deitado na cama. Tomei um baita susto e berrei. É difícil acreditar que um pequeno réptil como aquele me deixasse tão aterrorizado. Obviamente, o animal tomou um susto ainda maior que o meu. Desde então, antes de dormir, nós dois passamos a procurar saber onde está o outro.

Os donos de albergues não se dão ao trabalho de evitar as lagartixas. Certa vez, uma entrou na minha mochila, e eu quase a trouxe clandestinamente para a Coreia. Para me familiarizar com esses intrusos, passei a batizá-los. *Mer Lagartixa*, *Sem Lagartixa*, *Tel Lagartixa*, etc. – todas com o mesmo sobrenome.

– Oi, Shiva Ryu, tudo bem? Por que demorou tanto? Onde estava? O que andou fazendo? – cumprimentavam-me elas quando eu entrava no quarto. E eu respondia:

– Olá, *Mer Lagartixa*, tudo bem? Não andou implicando com as suas irmãs, certo? Olá, *Sem Lagartixa*. Olá, *Tel Lagartixa*. Como vão?

As lagartixas parecem me compreender. Desde que comecei a falar com elas, nossa convivência se tornou amistosa, e encontramos um bom equilíbrio entre a proximidade e a distância.

Dar nome a algo é uma prática espiritual. Nossa mente é como um albergue pelo qual passam as mais variadas emoções. Algumas acolhemos com alegria; outras são indesejadas. Com elas, o caos invade os cômodos da nossa mente. As emoções fazem barulho, reclamam, chutam as portas e estragam nosso dia. Algumas nos perseguem até durante o sono. Entram no nosso inconsciente pelas fendas, e por isso é tão difícil expulsá-las.

No *mindfulness*, falamos com as nossas emoções e as chamamos pelo nome. Se a tristeza surge dentro de nós, devemos dizer: "Olá, tristeza, que bom que você está aqui. Seja bem-vinda." O mesmo vale para a ansiedade e o medo: "Oi, ansiedade. Oi, medo." Também falamos com as memórias dolorosas e com a raiva: "Olá, memória. Olá, raiva. Sejam bem-vindas. Que bom ver vocês outra vez." E basta cumprimentá-las. Não precisa permitir que esses hóspedes permaneçam tempo demais na sua casa.

Quando pensamos silenciosamente nas sensações físicas – por exemplo, "coceira" ou "dor de cabeça", paramos de nos identificar com elas, de permitir que elas nos desconcentrem e de nos sentir afetados pelas emoções negativas que elas causam. Os xamãs de tradições antigas acreditavam que quando sabemos o nome do que nos causa medo, aprendemos a dominá-lo.

Ensinei esse método a uma amiga que sofria de coceira todas as noites. Ela experimentou, deu nome ao sintoma – "coceira" – e notou que isso aliviava o incômodo. Tempos depois ela me agradeceu e afirmou várias vezes que melhorou por causa do método que eu havia ensinado.

Venerado por Schopenhauer, Nietzsche e Nikos Kazantzakis, Buda deu um passo além no que diz respeito a chamar as coisas pelo nome. Certa vez, durante uma meditação profunda, o demônio Mara apareceu e o desafiou a lutar, e embora estivesse perto de alcançar a iluminação e a aparição de Mara lhe causasse incômodo, Buda cumprimentou o demônio como se fosse um velho amigo.

– Bem-vindo, Mara – disse Buda lhe oferecendo um chá. – Como tem passado?

Mara simboliza a energia negativa que incute emoções como a ganância, a ira e a dúvida na mente das pessoas, fazendo-as sofrer. Mas quando Buda cumprimenta Mara chamando-o pelo nome e lhe oferece chá, o demônio perde a vontade de lutar e vai embora. Mara continuou aparecendo para Buda, que nunca o subestimou. Nunca tocou num fio de cabelo de Mara. Embora Ananda, irmão mais novo e predileto de Buda, se irritasse com Mara, nos *sutras* os encontros de Buda com o demônio são pacíficos. Assim, não é de surpreender que Buda tenha oferecido uma almofada e uma xícara de chá a Mara, que aparecia para tentar impedi-lo de alcançar a iluminação. Beber chá no momento em que as emoções estão agitadas e os pensamentos inúteis ganham força parece uma saída pacífica para evitar o confronto.

Chamar pelo nome é reconhecer os pensamentos e as emoções que surgem dentro de nós e acolhê-los, oferecendo-lhes uma xícara de chá. Assim, permanecemos atentos a eles e os enxergamos de uma distância segura. Chamar pelo nome significa "Eu percebo que estou irritado", "Eu percebo que estou sentindo coceira na sola do pé esquerdo". Ao chamar as coisas pelo nome, eu as percebo com mais clareza.

O deus hindu Krishna foi passear com seu irmão mais velho, Balarama, numa floresta. Quando anoiteceu, exaustos, eles resolveram descansar. Então decidiram se revezar na vigia, pois era uma floresta perigosa. Krishna seria o primeiro a dormir, e Balarama ficaria atento a tudo até meia-noite. Depois Krishna o substituiria e ficaria de sentinela até o amanhecer.

Assim que Krishna adormeceu, Balarama ouviu um grito, e logo em seguida um demônio saltou dentre os arbustos. Balarama tomou um susto. Quanto maior era o medo que ele sentia, maior ficava o demônio e mais alto berrava. Aterrorizado, Balarama acabou desmaiando.

Quando Krishna acordou e viu o irmão no chão, a princípio pensou que ele havia pegado no sono, mas de repente ouviu o berro do enorme demônio, que o observava com um olhar lancinante. Krishna, porém, sorriu para ele e disse:

– Olá, meu amigo! Seja bem-vindo. Como posso ajudar?

O demônio berrava o mais alto que podia, mas Krishna se limitava a repetir a pergunta. Falava de um jeito tão amistoso que o demônio foi diminuindo cada vez mais, até que, em dado momento, ficou tão pequeno que Krishna o pegou do chão e o enfiou no bolso.

A arte da meditação nos ensina a não encarar como inimigos os pensamentos e as emoções que nos atormentam, e sim a torná-los aliados que nos ajudem a observar nossa mente. Com a meditação, pensamos "Eu estou irritado agora, mas não sou uma pessoa irritada"; "Agora estou com medo, mas não sou uma pessoa medrosa"; "Por vezes sinto tristeza, mas não sou uma pessoa triste". Quando nos negamos a dar uma recepção calorosa aos inúmeros pensamentos e emoções que mexem conosco, eles se escondem nos cantos mais obscuros do nosso inconsciente e se transformam em demônios. Eu não quero que a *Mer Lagartixa*, a *Sem Lagartixa* e a *Tel Lagartixa* se transformem em demônios terríveis assim que eu apague a luz do quarto.

Sobre a dívida cármica, ou *lenchak*

No Tibete existe a lenda de uma lontra que vive num lago localizado nos vales das altas montanhas dos Himalaias. Nas noites de lua cheia, podemos vê-la sair da água com um peixe na boca. Uma coruja que voa silenciosamente tira o peixe de sua boca.

À primeira vista pode parecer que a coruja está roubando a presa da lontra, mas quem observa com mais atenção vê que a lontra dá o peixe à coruja. Ao longo da noite, ela vai várias vezes até a margem, onde a coruja a aguarda. Assim que a lontra chega, a ave levanta voo de um galho e pega o alimento.

Quem observa essa interação acha que a lontra sai perdendo, pois captura peixes e os entrega à coruja sem ganhar nada em troca. Mas a história não acaba aqui. A lontra se sente constantemente pressionada pela coruja. Mesmo de dia, ela caça peixes para a ave. "Ainda que eu esteja morrendo de fome, a coruja tem que comer primeiro", pensa a lontra.

Por sua vez, noite após noite a coruja come fartamente e ainda reclama quando a lontra se atrasa um pouco que seja. Ao ouvir as reclamações, a lontra corre para capturar mais peixes.

A relação entre as duas parece unilateral e injusta. A lontra não se sente realizada, embora satisfaça as exigências da coruja. Ela teme que a coruja a abandone, por isso nunca se afasta do lago e está sempre perto da árvore. Quanto mais a lontra se esforça, mais a coruja a destrata e mais peixes exige. A lontra não sabe o porquê, mas se torna escrava da coruja, tanto em nível físico como mental, e quanto mais gorda a coruja fica, mais a lontra se empenha na caça aos peixes.

Isso não acontece porque a lontra é fraca e a coruja é forte. A lontra é um animal noturno e se sente à vontade na escuridão. É forte o bastante para capturar uma ave pela pata e comê-la – e vez ou outra o faz. Também poderia nadar até uma região do lago onde a coruja não a encontrasse. Mas assim que a lontra ouve o chamado da coruja, corre para atender.

A relação entre a lontra e a coruja se baseia naquilo que no Tibete é chamado de *lenchak*, ou "dívida cármica": nesta vida, a lontra está pagando à coruja uma dívida contraída numa vida anterior. Se em dado momento uma pessoa pediu dinheiro emprestado e não devolveu, ou então extorquiu ou roubou alguém, sempre que o infrator ouvir o nome da pessoa que lesou sentirá a consciência pesada e lembrará que, em algum momento, terá que pagar o que deve. O mesmo vale para dívidas de vidas passadas. Na vida presente não vamos nos lembrar dos motivos que nos fazem servir a outra pessoa de forma submissa, mas servimos, motivados pelo sentimento de culpa e pela necessidade de ressarcir o outro. *Lenchak* é exatamente isso.

Antigamente, a população do Tibete adorava jogar. Não valendo dinheiro – porque ninguém tinha –, e sim pedrinhas, que qualquer um podia achar no chão. Mesmo assim as pessoas morriam de medo de se endividar. Os tibetanos tinham certeza de que, se contraíssem dívidas e morressem devendo, renasceriam como escravos dos seus credores na vida seguinte. Mesmo que a dívida não passasse de umas pedrinhas, a pessoa nasceria escrava e pagaria muitas vezes o valor da dívida feita na vida anterior – uma crença com raízes no *lenchak*. Quando um comportamento não tem explicação lógica, os tibetanos o atribuem ao princípio de causa e consequência de algo feito na vida passada.

Mas os mestres do budismo tibetano nos aconselham a pensar menos no nosso carma por ações passadas e mais no carma que criamos agora, no presente. O fluxo de energia entre a lontra e a coruja pode ser prejudicial para ambas. A lontra não tem qualquer compensação ou alegria ao se sacrificar pela coruja, e a ganância insaciável da coruja pode levar a uma perversidade espiritual da qual ela não conseguirá se libertar. Nem a lontra nem a coruja ganham nada com essa relação. Enquanto a lontra apenas obedecer a seus instintos de dever, nunca conseguirá viver a própria vida. Esse comportamento até pode ter origem numa dívida de uma vida anterior, mas uma relação doentia nesta vida certamente conduzirá a uma relação doentia na próxima. É um círculo vicioso.

As relações interpessoais são como árvores: de vez em quando precisam de poda. Um bom jardineiro sabe quais galhos são importantes e quais estão sugando nutrientes. Assim como uma árvore não podada reduz a colheita de um pomar, o "crescimento descontrolado" de um relacionamento conduz a uma fase infrutífera de insatisfação e sofrimento. Os problemas não nascem das nossas perdas, e sim por não conseguirmos tirá-las da cabeça.

Para "podar" uma relação é preciso ter coragem. Se a coruja não existisse, a lontra poderia nadar tranquilamente no lago e levar uma vida feliz. E a coruja, uma ave de rapina, poderia viver perfeitamente bem sem a lontra. A vida da lontra pertence à lontra, a vida da coruja pertence à coruja. Essa simples constatação abre caminho para nos libertarmos de uma relação doentia.

Mas antes precisamos saber se a relação é *lenchak* ou amor verdadeiro. Para isso, devemos fazer as seguintes perguntas: "Essa relação me proporciona uma alegria pura? Ela se baseia em apreço e respeito recíprocos? Os comportamentos abnegados estimulam o crescimento e são benéficos para ambas as partes?"

Se a resposta a essas perguntas é não, então não é errado nem é egoísmo deixar a relação para trás. Não há qualquer motivo para vivermos como a lontra só porque achamos que temos uma dívida cármica a pagar. Nesse ponto vale ressaltar que os mestres do budismo tibetano enxergam o conceito de vidas passadas como nada mais que uma ilusão mental.

Não podemos confundir uma relação de dependência baseada no *lenchak* com uma relação em que aceitamos a insuficiência e as fraquezas do outro por compaixão, comportamento fundamental e que faz parte de um relacionamento entre duas pessoas que têm uma relação saudável e sincera.

A pergunta a seguir também nos ajuda a identificar uma relação de *lenchak*: "Estou convencido de que as pessoas importantes para mim conseguem assumir a responsabilidade pela própria vida?"

Convido você a escrever o final da história da lontra e da coruja.

"Um dia, a lontra se deu conta de que..."

Uma história de maçãs

Certo dia, no fim de um evento de lançamento de livro, uma mulher veio falar comigo. Ela já havia comparecido a um evento anos antes e estava feliz por me ver de novo. Tinha comprado uma pilha de livros meus para os amigos e pediu que eu os autografasse. Na semana seguinte, eu estava em outra livraria quando um homem se aproximou com outra pilha de livros. Enquanto eu autografava cada exemplar, ele me contou que a mulher da semana anterior o enviara ali e fazia parte de um clube de leitura da cidade.

Dias mais tarde ela me enviou uma caixa de maçãs. Fiquei muito contente, primeiro porque costumo comer uma maçã todo dia no café da manhã, e segundo porque eram de uma região coreana produtora de maçãs. Estavam crocantes e frescas – infinitamente melhores que as maçãs estrangeiras, geralmente farinhentas.

Após comer quase todas as maçãs da caixa, chegou outra. Fiquei feliz, claro, mas não entendi o motivo do envio, por isso telefonei à senhora para agradecer e ao mesmo tempo reforçar que não precisava enviar mais. Ela me contou que o produtor era um grande amigo e que por isso eu não devia me preocupar. Nossa conversa foi um pingue-pongue entre "Não precisa" e "Por que não?". Comentei que as maçãs eram maravilhosas e sugeri que ela as comprasse para si mesma; a mulher retrucou dizendo que eu deveria permitir que ela oferecesse maçãs ao seu autor favorito.

No final, acabei recebendo uma caixa em casa, de graça, todos os meses. Vez ou outra acontecia de as maçãs acabarem, e nesses dias eu me sentia só. Com o passar do tempo, fui ficando tão acostumado ao fornecimento de maçãs que pensava que talvez a mulher fosse casada com o produtor. Certa manhã, enquanto comia uma maçã, de repente me ocorreu uma pergunta que me deixou inquieto: "O que vou fazer se ela parar de me enviar as maçãs? E quando ela cortar meu abastecimento?"

Em algum momento esse "quando" vai se concretizar, pois nada neste mundo dura para sempre. "Tudo se transforma", dizia Buda. Um dia eu deixarei de receber as maçãs. Sabendo disso – e sabendo que não há nada que eu possa fazer para evitar –, só me resta uma coisa agora: saborear a maçã que estou segurando neste momento como se fosse a última da minha vida. Talvez exatamente por isso ela me pareça tão bela e preciosa. Sei que quando voltar a comer uma dessas maçãs deliciosas vou saboreá-la com o mesmo prazer, mas, por ora, esse sentimento é apenas uma expectativa, uma construção mental. Tudo o que acontece na nossa vida é uma oportunidade única, e não temos qualquer garantia de que vamos viver o momento seguinte que imaginamos. Tudo o que vivemos é pela última vez, assim como este mundo vive cada um de nós pela última vez. Quando nos despedimos de alguém dizendo "Até a próxima!", no fundo estamos mentindo.

No fim de uma viagem acenamos para as pessoas e prometemos: "Até a próxima! Volto em breve." Mas isso não vai acontecer, pois, mesmo quando voltamos, o lugar que visitamos e as pessoas que conhecemos mudaram, são outros. Ou simplesmente não estão mais lá. O tempo também passou. Sentimos um nó na garganta quando dizemos "até a próxima", pois, no fundo, sabemos que não vamos cumprir a promessa.

Uma vez, perguntaram ao monge tailandês Ajahn Chah: "Tudo o que existe no mundo se transforma, e nada dura para sempre. A despedida e a perda fazem parte da vida. Então, como podemos ser felizes? Como nos sentir seguros sabendo que nada permanece como desejamos?"

Ajahn Chah lançou um olhar afetuoso ao homem que fez a pergunta, apontou para um copo que estava a seu lado na mesa e disse: "Eu amo este copo. Bebo água dele. Ele cumpre perfeitamente a tarefa de conter água. Quando o sol brilha sobre ele, a luz se reflete de forma esplêndida. Se eu bater com o dedo, ele produz um som maravilhoso. Mas para mim é como se ele já estivesse quebrado. Se eu colocá-lo numa prateleira e o vento derrubá-lo, ou se eu for desastrado e deixá-lo cair, ele vai se partir em mil pedaços. Para mim, isso é natural. Uma das características deste copo é que inevitavelmente ele vai quebrar em algum momento. Não há o que fazer contra isso. Quando compreendemos que é como se o copo já estivesse quebrado, cada minuto que passamos com ele se torna precioso. Cada instante que passo com ele sou feliz."

Quando compreendemos que, assim como o copo, é como se o nosso corpo e o corpo das pessoas ao nosso redor já estivessem "quebrados", cada minuto da nossa vida se torna precioso. O apreço por cada minuto se torna mais importante que nosso medo ou tristeza. O budismo nos ensina o conceito de "transitoriedade" – ou seja, de que nada dura para sempre –, mas não é por isso que não devemos nos apegar a nada. Na verdade, a ideia é que devemos encarar o presente como um momento precioso. Quando paramos de lutar contra a transitoriedade das coisas, a paz alcança nosso interior.

No livro *Knulp*, de Hermann Hesse, o protagonista diz: "Uma moça bonita talvez não lhe parecesse tão bonita se você não soubesse que ela está em seu melhor momento, mas logo vai envelhecer e morrer. Se algo belo permanecesse igual por toda a eternidade, eu me daria por satisfeito, mas analisaria com frieza, pensando: você poderá ver isso sempre, não precisa ser hoje. Por outro lado, se contemplo agora o que é perecível e não consegue se manter igual, não sinto apenas alegria, sinto também compaixão. Por isso, nada pode ser mais extraordinário do que ver fogos de artifício à noite. Bolas de luz azuis e verdes que sobem pela escuridão e, no momento do auge de sua beleza, fazem uma pequena curva e desaparecem. E quando se contempla isso, vive-se a alegria e, ao mesmo tempo, o medo; pois logo vai acabar de novo, e isso faz parte, e por isso é ainda mais belo do que se durasse muito."

A caixa de maçãs que chegou novamente ontem me faz lembrar quão especiais são as coisas quando pensamos que tudo é finito e deixa de existir. É a fragilidade da existência que torna tudo tão precioso.

Se for comer uma maçã agora, coma-a como se fosse a última da sua vida. Ao tomar chá, tome-o como se fosse o último. Navegue pelos rios com a consciência de que nunca mais vai percorrê-los. Passeie pelas ruas de uma cidade desconhecida tendo em mente que só verá as vitrines iluminadas uma vez. E a cada respiração, inspire e expire pela última vez, até que seu fôlego se acabe por completo.

A morte do bulbul-de-orelha-castanha

Num dia fechado de inverno, alguém bateu à porta da minha casa. Ao abrir, deparei com o menino que morava em frente a mim. Ele não saía muito de casa, por isso eu raramente o via. Sem dizer uma palavra, o menino me estendeu a mão. Estava segurando um bulbul-de-orelha-castanha. Bastou olhar para perceber que o pássaro estava morto. Antes que eu pudesse perguntar onde tinha encontrado a ave, ele me pediu para enterrá-la no meu jardim. Meus vizinhos não tinham jardim, por isso ele não sabia onde sepultá-lo.

Assim que acabou de falar, a criança colocou o pássaro na minha mão e voltou para casa. Fiquei ali parado por alguns segundos, perplexo, olhando para o animal morto na minha mão. Os bulbuls-de-orelha-castanha costumam visitar meu jardim na primavera. Estão sempre em pares. Sempre que vejo um, o outro está por perto, geralmente num damasqueiro.

Fui buscar uma enxada e comecei a cavar um buraco ao lado da árvore. O pássaro não era grande – um buraco pequeno bastava para enterrá-lo –, mas a terra estava congelada, e a tarefa foi mais complicada do que eu previa. Além disso, a enxada estava cega, e sempre que batia numa pedra soltava faíscas.

Quando eu estava cavando ouvi alguém bater à porta outra vez. Abri, e lá estava o menino de novo. Minha casa tem campainha, mas ele preferia bater à porta de madeira.

Eu estava segurando a enxada numa das mãos, e ele pôs um tênis na outra. Antes de eu perguntar o que era para fazer com aquilo, ele disse:

– Põe o pássaro aí dentro quando for enterrar. Está muito frio.

Quando ele virou para voltar para casa, reparei que só estava calçando um tênis e por isso mancava. Fazia muito frio, e ele nem sequer usava meias.

Voltei ao jardim para cavar, quando começou a nevar forte. Antes mesmo de eu tapar o buraco com terra, uma camada de neve cobria o túmulo do pássaro. O telhado da minha casa estava coberto de neve, assim como o telhado da casa em frente, onde morava o menino com síndrome de Down. Parecia que a neve ia cobrir o mundo inteiro.

O que é um ser humano? O que o torna sagrado? Por mais imperfeito que ele seja, existe uma beleza especial em sua essência. Tempos depois desse dia, o menino se mudou, mas sempre que me aproximo do meu damasqueiro me lembro do dia em que o menino bateu à porta, me entregou o pássaro, depois o tênis, e voltou mancando descalço para casa. A meu ver, o mais importante é o que trazemos no coração. Por isso nos ferimos tão facilmente quando encaramos o mundo de coração aberto. Mesmo assim, dói menos do que viver de coração fechado.

O que devemos aprender aqui na Terra? Talvez a amar? Acredito que temos uma única missão: concentrar-nos em nós mesmos e compreender que tudo o que está fora de nós são os outros, pessoas desconhecidas sobre as quais não temos qualquer influência. Mesmo assim, devemos sentir compaixão por todos. Isso, por sua vez, fortalece o nosso "eu".

Numa visita a um centro de meditação, aprendi a seguinte oração:

"Que eu tenha o máximo de amor e compaixão possível. Se não conseguir sentir amor nem compaixão, que ao menos eu seja simpático. Se não conseguir ser simpático, que ao menos eu não julgue o próximo. Se não conseguir deixar de julgar o próximo, que ao menos eu não o prejudique. Se não conseguir evitar prejudicá-lo, que eu cause o mínimo de dano possível."

Parte 5

Nada acontece por acaso, e todo encontro tem um sentido. Ninguém entra na nossa vida sem um motivo. Algumas pessoas partem rápido, outras nos acompanham por mais tempo, mas todas deixam pequenas ou grandes marcas no nosso coração. Assim, mesmo sem percebermos de imediato, elas nos transformam em outra pessoa. [...] Sou grato por você ter entrado na minha vida. Há uma razão para isso – quer a relação dure só um tempo ou a vida inteira.

Nenhum encontro acontece por acaso

Nada acontece por acaso, e todo encontro tem um sentido. Ninguém entra na nossa vida sem um motivo. Algumas pessoas partem rápido, outras nos acompanham por mais tempo, mas todas deixam pequenas ou grandes marcas no nosso coração. Assim, mesmo sem percebermos de imediato, elas nos transformam em outra pessoa.

Era início de verão, e eu estava no terceiro semestre da faculdade, quando, a caminho da sala de aula, encontrei um colega (que viria a ser o escritor Sanha Lee).
– Está indo aonde? – perguntou ele.
– Tenho prova agora – respondi.
Ele fez uma cara de incrédulo e disse:
– Você faz prova? Não tem nada a ver com você!
Fiquei perplexo. Ora, estávamos na faculdade! Mas de alguma forma, ele não conseguia me enxergar como alguém que fazia coisas reais – por exemplo, uma prova. Assim que falou ele foi embora, e eu fiquei ali parado, inseguro, me perguntando: "Afinal, o que eu estou fazendo aqui?"

Saí do campus e resolvi dar um longo passeio. Claro que repeti a disciplina, pois não fiz aquela prova, aliás nem as seguintes. Passei dois meses perambulando sob o sol escaldante do verão, me alimentando de pêssegos que catava do chão perto das árvores por onde passava. Foi uma época de intensas reflexões sobre a vida em geral e sobre a literatura em particular. A costura dos meus sapatos se desfez, as solas faziam barulho quando eu andava, mas foi ali que eu tive certeza do caminho que queria trilhar. A partir de então, eu me dediquei totalmente à poesia. No inverno desse mesmo ano, ganhei um prêmio num concurso literário, o que marcou o início da minha carreira. O comentário aleatório de Sanha Lee (do qual ele não se recorda hoje) mudou minha vida.

Quando terminei a faculdade, consegui um emprego como professor substituto numa escola, mas odiava passar o tempo me dedicando a ensinar, em vez de escrever. Rimbaud não tinha nem 20 anos quando escreveu seu melhor poema. Eu não tinha uma única linha escrita. Certo dia, enquanto almoçava com um amigo mais velho, falei do meu dilema. Ele pegou uma batata, enfiou-a na boca e, enquanto mastigava, disse:

– Daqui a três meses você já vai ter esquecido que andou estressado com essas coisas.

O que eu entendi desse comentário me horrorizou: "Daqui a três meses você não vai nem estar mais pensando nisso."

Pedi demissão no dia seguinte. Enquanto saía da escola, olhei para o pátio e vi as forsítias em floração. Abri mão do meu último salário, pois não havia trabalhado o mês inteiro. Foi esse colega mais velho que deu um novo rumo à minha vida, antes que fosse tarde demais.

A partir de então, precisei aceitar trabalhos variados para me sustentar e cheguei à conclusão de que sofria de fobia social. Trabalhar em empresa simplesmente não era para mim. Eu vivia tendo enxaquecas horríveis, chegava tarde ao trabalho e tinha enorme dificuldade para aguentar até o fim do expediente. Meses depois, parei de trabalhar em escritório e comecei a perambular pelas ruas como sem-teto.

Na época ainda existia uma livraria que eu adorava, e passava o dia perambulando num raio de 100 metros dela, como um monge andando em círculos ao redor de um mosteiro. Quando sentia dor nos pés, entrava e lia romances e poemas, e decorava os que me agradavam. Certo dia, lá dentro, um homem se dirigiu a mim. Disse que havia cruzado comigo uma vez numa editora e ficara impressionado (com minha aparência, não com meus poemas). Provavelmente estava falando da editora onde trabalhei por um tempo.

Continuamos conversando, e ele me revelou que tinha planos para uma revista sobre budismo que herdara do pai. Concordamos que estava na hora de surgir uma revista que desse espaço para temas como meditação e espiritualidade, em vez dos assuntos habituais. Cerca de uma hora depois, fechamos uma parceria para começar a publicar a revista trimestralmente. Eu passei 50 desses 60 minutos expondo minhas ideias com entusiasmo.

A revista não tinha grande tiragem, mas em pouco tempo conquistou um círculo de leitores fiéis no mundo da espiritualidade. Após eu me formar na faculdade, a revista foi o meu primeiro sucesso real. Eu planejava o conteúdo, escrevia artigos e me reunia com vários mestres espirituais da Índia, o que me levou a voltar minha vida para esse país.

Em dado momento essa fase também passou, e saí da revista. Pouco tempo depois, eu estava num ônibus quando me encontrei com um homem que conheci trabalhando na revista. Começamos a conversar no ônibus, saímos e continuamos na rua. Estávamos tão concentrados que esqueci completamente para onde queria ir. Concordávamos que, na Coreia, havia poucos livros sobre meditação e espiritualidade e decidimos criar uma editora.

Foi assim que nasceu O Mundo do Espírito. Ele era o diretor--geral, e eu, o diretor editorial. Foi assim que lançamos as bases para a publicação dos livros de meditação que ainda hoje são parte essencial do meu trabalho.

Não sei que rumo minha vida teria tomado se esses encontros não tivessem acontecido. Eu teria continuado meu desenvolvimento pessoal e vingado, ou até hoje seria alguém com fobia social andando pelas ruas em torno daquela livraria?

Jorge Luis Borges escreveu: "Cada pessoa que passa por nossa vida é única. Sempre deixa um pouco de si e leva um pouco de nós. Haverá aqueles que levarão muito, mas nunca haverá alguém que não nos deixe nada. Essa é a maior responsabilidade de nossa vida e a prova evidente de que duas almas não se encontram por acaso."

Estou convencido de que existe uma divina providência, um plano maior para mim, e de que encontro determinadas pessoas em determinados momentos para me manter no caminho. Elas vêm a mim porque eu preciso. Só percebo quem são essas pessoas no momento certo. Não sei se o que escrevi aqui é válido no geral; em todo caso, hoje eu sou o resultado dos encontros com as pessoas que me mostraram um caminho. Ninguém cruza meu caminho por acaso.

Finalizo este texto com os pensamentos de um autor desconhecido:

Entre as pessoas que encontramos na vida, há algumas que vêm a nós por uma razão específica; às vezes, elas nos acompanham durante um tempo, outras vezes ficam a vida inteira. Se soubéssemos de antemão quem é cada pessoa, poderíamos moldar nossa relação com elas.

Na maioria das vezes, essas pessoas especiais surgem no nosso caminho para satisfazer uma necessidade nossa. Elas nos ajudam a vencer o sofrimento, nos indicam a direção que devemos seguir e se mantêm ao nosso lado durante a caminhada. Elas nos dão a mão no sentido físico, mental ou espiritual. Às vezes é como se tivessem sido enviadas por Deus, e de alguma forma é isso mesmo. Elas entram na nossa vida porque precisamos delas.

É possível que em dado momento elas queiram terminar o relacionamento sem termos feito absolutamente nada de errado ou num péssimo momento. Algumas morrem, outras apenas desaparecem. Algumas agem como se quisessem nos obrigar a tomar uma decisão. Nesses momentos precisamos ter em mente que, quando tomamos a decisão, nossa necessidade deixa de existir, e o propósito dessas pessoas está cumprido. O pedido que fizemos aos céus foi atendido. É hora de olhar para a frente e seguir andando.

Há pessoas que só permanecem um tempo ao nosso lado. Chegam quando estamos num momento de partilha, crescimento e aprendizagem na vida. Permitem-nos descobrir a paz interior e nos fazem sorrir. Talvez nos mostrem algo que não tínhamos vivido até então. Em regra, elas nos trazem uma felicidade incrível durante esse tempo.

Uma relação que dura a vida inteira nos dá a oportunidade de aprender durante todo esse tempo. Ajuda-nos a erguer, tijolo a tijolo, alicerces sólidos para as nossas emoções. Nossa tarefa é aceitar o processo, amar essas pessoas e aplicar o que aprendemos nesta relação em todas as outras relações e áreas da vida. O amor é incondicional, mas a verdadeira amizade se estende pela eternidade. Sou grato por você ter entrado na minha vida. Há uma razão para isso – quer a relação dure só um tempo ou a vida inteira.

Você verá o desabrochar das flores

Para ensinar seus quatro discípulos a não julgar o próximo nem a si mesmo precipitadamente, um mestre os enviou a um campo distante onde só havia uma pereira. A tarefa deles era observar a árvore, voltar e relatar o que tinham visto.

O primeiro discípulo foi no inverno. A pereira estava desfolhada, fustigada pelo vento gelado. A casca estava ressecada e quebradiça, e a secura parecia alcançar as entranhas da árvore. Quando o discípulo voltou, relatou ao mestre que ela estava feia, enfraquecida e infecunda. Não dava qualquer sinal de vida ou de crescimento.

O segundo discípulo foi na primavera e não entendeu por que o primeiro havia falado que a árvore estava mal. Viu uma pereira esplêndida, verdejante, cheia de vida. As raízes sugavam água do solo, e os galhos estavam repletos de folhas e frutos. Era a vida em sua plenitude. Ao voltar, o segundo discípulo profetizou um futuro magnífico para a árvore.

O terceiro discípulo foi ver a pereira no início do verão e encontrou uma árvore repleta de flores brancas, raízes fortes e rodeada por abelhas atraídas pelo aroma das flores. O discípulo a descreveu como a árvore mais sublime que já vira em toda a sua vida.

O quarto e último discípulo discordou de todas as opiniões dadas até então. Viu a árvore no outono, com os galhos dobrados pelo peso das peras amareladas. O que mais o impressionou foi a alquimia da árvore, capaz de converter o sol e a chuva em doçura, produzindo frutos tão saborosos.

Quando o último discípulo retornou, o mestre chamou todos eles. Explicou que, por si só, nenhum dos pontos de vista estava errado, mas também não estava totalmente certo. Cada descrição só valia para uma estação do ano. "Nunca devemos julgar o todo com base numa imagem, quer se trate de uma árvore ou de uma pessoa. Árvores ou pessoas só conseguem produzir frutos após percorrerem todas as estações do ano. Não devemos julgar uma vida com base na sua fase mais complicada. O sofrimento de um período não invalida a alegria do tempo restante. Quem desiste da vida no inverno perde a promessa da primavera, a beleza do verão e os frutos do outono."

Essa sabedoria não se aplica apenas aos outros, mas também a nós mesmos. Não devemos julgar nossa vida inteira com base numa crise que nos faça parecer uma árvore no inverno. Nos frágeis brotos da primavera esconde-se a promessa de um futuro que não devemos subestimar. A alegria de viver e os frutos do conhecimento são as dádivas das estações do ano. Dádivas cósmicas.

Assim como os quatro discípulos, somos peregrinos percorrendo as estações do ano, mas ao mesmo tempo levamos todas as estações do ano dentro de nós. Somos como a pereira. O primeiro passo do nosso caminho é nos entregarmos a essa interação e confiar na vontade de viver que se manifesta através dela. A árvore sabe que nenhuma estação é eterna. E sabe de outra coisa: que vai sobreviver ao inverno mais rigoroso.

Um amigo meu, professor de literatura indiana na Universidade de Viena, me contou a história de uma jovem chamada Kamilla, que conheceu numa entrevista para ingressar na faculdade – lá eles fazem entrevista além da prova escrita. Tinha cabelo assimétrico pintado de azul e vermelho, e fazia as sobrancelhas para terem o dobro do volume natural. Usava cinco brincos pequenos na orelha direita e sabe Deus quantos na esquerda, pois estava escondida pelo cabelo, que era mais comprido deste lado. Usava anéis grandes em todos os dedos e tinha unhas compridas e pintadas de preto. Usava várias pulseiras e braceletes, batom preto e botas que chegavam às coxas. Além de tudo, as respostas que ela deu na entrevista não foram nada de especial.

Apesar de não ter causado uma primeira impressão tão positiva, Kamilla passou por pouco na entrevista, foi aceita no curso e se inscreveu na disciplina do meu amigo. Felizmente, as aulas dele eram bastante procuradas, o que o poupava de ter que ficar olhando o tempo todo para ela. O tempo passou, e ela estava quase terminando o curso quando marcou um horário com o professor e comunicou que pretendia fazer mestrado em literatura indiana. Pediu que ele fosse seu orientador no trabalho de conclusão de curso – e também na sua dissertação de mestrado. Para ele, isso significaria passar a vê-la com muito mais frequência. Ele ficou receoso, mas Kamilla insistiu, e ele acabou concordando.

No início, ele precisou fazer um grande esforço para enxergar para além da aparência de Kamilla e se concentrar no que ela dizia, mas com o tempo ficou surpreso ao perceber que ela era muito talentosa e inteligente. A dissertação de mestrado da jovem não devia em nada às outras. Hoje em dia ela domina o híndi e o urdu quase tão bem quanto sua língua materna e fez doutorado em literatura indiana. Deixou o cabelo recuperar o tom castanho natural e passou a ser mais comedida com os acessórios e a maquiagem.

Meu amigo diz que ela é a aluna de quem mais se orgulha em toda a sua carreira acadêmica. É muito fácil julgar a personalidade ou a vida de uma pessoa simplesmente pela imagem que ela transmite em determinado momento.

Quando Kamilla entrou para a faculdade, adorava rock *gótico*. Tinha se apaixonado pelo vocalista de uma banda e mudou a aparência para agradá-lo. Ia a todos os shows dele, onde quer que fossem, e a todas as festas após os shows, embora nem sempre fosse fácil entrar. Mas nunca conseguiu ter contato direto com o vocalista e, depois de um tempo, de coração partido, desistiu.

Anos depois, o pai de Kamilla foi buscá-la para passar as férias de fim de semestre em sua cidade natal. Era inverno, e caía uma tempestade de granizo. Quando estavam na estrada, em dado momento o pai viu um rapaz pedindo carona, sentiu pena e parou. Quando o jovem entrou no carro, Kamilla não acreditou: Era o vocalista! Aconteceu como tinha que acontecer: eles se casaram e são felizes até hoje.

Existe um provérbio hindu que diz *Khilenge, to aap dekhenge* – você verá o desabrochar das flores. Não sabemos o que o futuro nos reserva, mas percebemos quando desabrochamos. Não precisamos justificar por que temos determinada aparência em dado momento da vida, nem por que estamos passando por uma fase. O tempo vai passar e, no momento certo, daremos frutos. Então, as pessoas saberão quem somos.

Reiner Kunze escreveu o seguinte poema:

O que tem que florescer floresce
seja no meio do cascalho ou nas pedras
e longe do olhar dos outros.

Ter paciência não é esperar de braços cruzados. A verdadeira paciência é viver observando o futuro. A verdadeira paciência é ver rosas nos espinhos e a lua cheia na escuridão.

Seis bilhões de mundos

Jesus pode ter curado um cego e um surdo, e pode ter ressuscitado um morto, mas não está escrito em lugar nenhum que tenha livrado um mal-humorado de seu mau humor. Quando penso nas viagens que fiz e me pergunto quais foram as mais difíceis, percebo que não são as que me esgotaram devido à pobreza do lugar, aos meios de transporte desconfortáveis ou aos alojamentos imundos, e sim uma viagem que fiz certa vez com um conhecido. Ele faz parte de um grupo religioso que defende um estilo de vida estritamente vegetariano. Estava sempre insatisfeito, onde quer que comêssemos. Ou talvez o mau humor permanente estivesse relacionado com o fato de ele não gostar de mim, porque não há nenhum país no mundo onde seja mais fácil encontrar um restaurante vegetariano do que na Índia. Seja como for, para ele nenhum era bom. Criticava cada ingrediente de cada prato. Desconfiado, cheirava os molhos que não conhecia e sempre descobria um motivo para resmungar. Se eu pedisse um prato e comesse até o último grão, ele me olhava como se eu fosse um bárbaro.

Eu mesmo sou um vegetariano ocasional. Acho o estilo de vida vegano exemplar. Mas ao mesmo tempo acho que todo ideal é problemático quando você depende de fatores externos, por mais nobre que ele seja. Por toda a Índia existem mercados de hortifrútis que oferecem uma grande diversidade de frutas, hortaliças e legumes usados para preparar refeições simples. Na época achei que seria boa ideia levar meu conhecido a um desses mercados, mas mesmo lá ele encontrou motivos para reclamar. Sua criatividade para criar pensamentos negativos era admirável, e a insatisfação com a comida contaminava o que estivesse por perto. A cabra que viajava conosco no ônibus o impedia de meditar (o coitado do animal ousava pousar o queixo no joelho dele); no trem, os banheiros da segunda classe eram o pior pesadelo da sua vida (ele aguentou mais de 20 horas sem ir); e a lagartixa que ficava no teto do quarto do hostel era uma mensageira do diabo (o réptil lhe mostrou a língua). Quando chovia ele ficava deprimido, e quando chegávamos a um lugar novo o que tínhamos deixado para trás de repente parecia muito melhor. Eu não estava entendendo: por acaso ele não sabia que viajar é descobrir coisas novas e belas a todo instante e que inconvenientes fazem parte?

Em certo momento, o jeito mal-humorado e resmungão dele me afetou de tal forma que nem eu conseguia me alegrar. Numa estação de trem, ele comprou uma manga feia – mas não horrível – e começou a reclamar. Foi quando minha paciência se esgotou.

– Espere aqui um pouquinho, já volto – pedi.

Desci uma passagem subterrânea, subi as escadas correndo até a plataforma de embarque e entrei no primeiro trem que apareceu. Quando voltei à Coreia, dois meses depois, meu conhecido já havia retornado fazia tempo. Claro que me arrependi de abandoná-lo como uma criança enjeitada, por isso, sempre que o encontrava, o convidava para comer.

Se estamos sempre descontentes com o mundo, precisamos nos perguntar se a nossa fonte de alegria interna está fechada; se a nossa confiança e a nossa paixão pela vida pararam como os ponteiros de um relógio sem bateria. Sei o que é sentir insatisfação e decepção. Conheço a sensação de quando a alegria se esgota.

É então que penso na minha primeira viagem ao Tibete. Meu organismo reagiu mal à altitude e fiquei um bom tempo sem comer. Um dia, visitei o mosteiro de Tashi Lhunpo, na cidade de Shigatse, e quando cheguei de repente senti uma fome enorme. Vi moradores locais comendo batatas cozidas em frente a um casebre e me aproximei. Não falávamos a mesma língua, mas não tive dificuldade em expressar meu desejo por gestos. Nunca me esquecerei da satisfação que senti naquele dia, sentado ao sol com aquelas pessoas, descascando e comendo batatas. Pela roupa e pela aparência, eram pessoas muito pobres, mas não pareciam nem um pouco insatisfeitas. Davam-se bem umas com as outras e se tratavam com carinho. Passamos o tempo todo dando risada, e elas irradiavam bondade. Como mantinham a alegria em meio a tanta adversidade? Como mantinham a vontade de viver? Fiquei impressionado.

Pensando nessa história, lembrei-me de outra, que li há pouco tempo:

No meio de uma floresta, um grupo de caçadores encontrou um casebre onde vivia um monge budista. Embora só tivesse o essencial, ele parecia contente.

– O senhor parece feliz, apesar de morar neste lugar afastado – disse um caçador.

– Sim, estou sempre feliz – respondeu o monge.

– Nós temos muitas coisas, mas não somos felizes. Onde descobriu a felicidade?

– Aqui mesmo, neste casebre. Basta olhar pela janela para ver a felicidade!

O monge apontou para uma janela do tamanho de um lenço.

– Isso é mentira! – resmungou outro caçador. – Só dá para ver uns galhos.

– Olhe novamente, por favor.

– Já olhei! Só vi uns galhos e um pedacinho do céu, menor que a palma da minha mão.

– Mas é isso mesmo! Fico tão feliz de ver esse pedacinho de céu menor que a palma da minha mão...

Não seria melhor se, em vez de estar sempre de mal com o mundo, nós o encarássemos com amor, como o monge budista? Quando nos aproximamos das coisas com o coração, despertamos a empatia que habita em nós.

Todos nós temos uma fonte interna de alegria, mas muitas vezes ela está tapada. O francês Matthieu Ricard virou as costas a seu trabalho como biólogo molecular no Instituto Pasteur e à civilização ocidental em geral, foi para os Himalaias e se tornou monge budista no Tibete. Num dos seus livros, relata que, uma vez, se sentou nos degraus de um mosteiro no Nepal. Era época das monções, e num piscar de olhos uma tempestade transformou o pátio num lamaçal. Assim, os monges fizeram um caminho com tijolos para os visitantes atravessarem a lama.

Uma mulher entrou pelo portão, visualizou o pátio enlameado e, enquanto avançava tijolo a tijolo, resmungava sozinha em voz alta. Ao passar por Ricard, queixou-se, furiosa:

– Isto aqui parece uma pocilga! E se eu caísse na água imunda? Nesta terra, tudo está sempre sujo!

Ricard a conhecia bem, por isso se limitou a acenar com a cabeça.

Minutos depois entrou outra mulher. Cantarolando e saltitando de tijolo em tijolo, quando voltou a pisar o chão seco ela riu e disse:

– Que divertido! O bom da época das chuvas é que não tem poeira!

Olhe o mundo à sua volta. Você não vai encontrar nenhum lugar perfeito, mas consegue encontrar um lugar onde não haja nenhuma beleza?

Citando Ricard: "Se duas pessoas se encontram, há duas formas de ver as coisas. Se seis bilhões de pessoas se encontram, há seis bilhões de formas de ver as coisas."

Fadiga por compaixão

Conheço uma mulher que tem um coração cheio de empatia e está sempre pronta a ouvir as histórias de vida dos outros. As pessoas a procuram para falar sobre suas preocupações. Certa vez, numa excursão de alta montanha, um dos participantes aproveitou para se queixar da vida. Ela quase não conseguiu desfrutar o passeio, de tão preocupada.

Quando ela me contou do ocorrido, fiquei com a impressão de que era praticante da meditação *tonglen*, do budismo tibetano. *Tonglen* significa "dar e receber". É uma prática na qual a pessoa acredita que está recebendo o sofrimento do outro e, em troca, dando algo de bom de si própria, como saúde ou sorte. Quando você inspira, recebe o sofrimento, e quando expira envia uma alegria serena, saúde e confiança. A meditação *tonglen* vai um passo além da mera caridade.

A compaixão desempenha um papel fundamental na superação do sofrimento. O sofrimento é comum a todos os seres humanos, portanto é uma força que nos une. Mas a compaixão da mulher era tão exacerbada que a tornava susceptível ao sofrimento alheio, assim se tornou um problema. Em dado momento, ela passou a se sentir tão esgotada pelas emoções negativas dos outros – a raiva, as histórias de traição e desespero – que caiu em depressão. A positividade e a curiosidade que irradiava encolheram a olhos vistos. Ela se sentia cada vez mais esgotada emocionalmente, desiludida com o mundo e vazia por dentro, e isso a prejudicava em seu trabalho como revisora numa editora.

Quando uma pessoa não só sente empatia pelo sofrimento do outro, mas se deixa esmagar por ele, dizemos que tem "fadiga por compaixão", o que pode levar a uma crise de burnout. Uma das razões para a exaustão pode ser a sensação de impotência, a incapacidade de ajudar. Qualquer pessoa que entre em contato com o sofrimento alheio diariamente está sujeita a isso. E não afeta só quem trabalha na linha da frente – por exemplo, cuidadores de pessoas com câncer em fase terminal –, mas também psicólogos, que diariamente lidam com pacientes que têm problemas de saúde mental.

A poeta americana Ella Wheeler Wilcox conta a história de quando ela e os pais receberam um convite para a festa de posse do governador do Wisconsin. Na época, eles eram agricultores pobres e ficaram muito contentes com o convite, mas a caminho da festa Ella se sentou ao lado de uma jovem de preto que perdera o marido havia pouco tempo e não parava de chorar. Passou a viagem consolando a moça.

Quando chegaram à festa, Ella estava tão abatida que não quis conversar com ninguém. Em dado momento olhou para o espelho e viu no próprio rosto o semblante da viúva, um momento que descreveu naquele que provavelmente é o seu poema mais conhecido:

Ri, e o mundo rirá contigo;
Chora, e chorarás sozinho;
Pois a velha e triste terra há de apropriar-se de tua alegria,
Já que poucos não são os teus problemas.
Canta, e as colinas responderão;
Suspira, e esses se perderão.

Apesar de toda a compaixão, pessoas como a minha conhecida precisam entender a importância de preservar a tranquilidade emocional. Não significa que não possam sentir compaixão, mas devem ter em mente que não são responsáveis pelas mudanças na vida dessas pessoas. Para cuidar do próximo sem sofrer as consequências negativas, precisamos manter um equilíbrio entre compaixão e tranquilidade. O cuidado não vale só para o próximo, mas também para nós mesmos. Temos o dever de manter a própria vida saudável.

Após se casar, uma jovem se mudou para longe da terra natal e foi morar na casa dos sogros. Seu dia a dia passou a ser tomado por uma série de problemas e dificuldades. Quando sua mãe a visitou pela primeira vez, tempos depois, notou que a jovem estava passando apuros. Sentiu que precisava falar com ela, mas não na presença dos sogros, por isso sugeriu que fossem passear num bosque próximo.

Quando elas pararam para descansar à sombra de uma árvore bela e viçosa, a mãe disse:

– Me conte tudo o que está deixando você aflita. Você vai se sentir aliviada.

Aos prantos, a filha abriu o coração e contou tudo o que vinha suportando em silêncio até então.

– Infelizmente, não posso vir visitar você toda semana – disse a mãe ao final. – Portanto, vamos fazer um trato: daqui em diante, toda semana venha a este mesmo lugar, ao pé desta mesma árvore, e conte a ela tudo o que estiver lhe causando sofrimento. Ela vai ouvir você no meu lugar.

A jovem concordou.

Meses depois, quando a mãe visitou a filha de novo, notou com alívio que ela estava diferente.

– É impressão minha ou você está mesmo melhor? O que aconteceu?

– Na verdade, em casa nada mudou.
– Mas você parece bem.
– Não faço ideia do motivo.
– Vamos dar um passeio – sugeriu a mãe.

Enquanto caminhavam, a filha disse:
– Conforme prometi, todas as semanas vim passear no bosque e contei as minhas preocupações à árvore. Sempre que eu fazia isso sentia um peso enorme sendo tirado dos ombros.

Quando elas chegaram à árvore, os galhos estavam quebradiços, e as folhas, murchas. A árvore havia absorvido todo o sofrimento da jovem.

O que teria acontecido se a filha tivesse cantado com os pássaros que estavam pousados na árvore, em vez de contar todo o seu sofrimento? Ou se tivesse dançado com os galhos que balançavam ao vento? Seria possível a árvore sentir algo como "alegria por compaixão", em vez de fadiga por compaixão? Essa alegria por compaixão teria dado à filha a força necessária para mudar de vida? Vale a pena ao menos refletir sobre isso.

Não adianta se preocupar

Certa noite, um escritor e amigo meu recebeu uma mensagem de um homem que mal conhecia. No texto, o sujeito o ameaçava sem dar grandes explicações. Meu amigo ficou tão furioso que não conseguiu pregar os olhos, e começou o dia seguinte agitado.

Foi então que recebeu outra mensagem do homem, explicando que estava bêbado e que a mensagem era para outra pessoa. Pediu mil desculpas. Por mais exausto que estivesse, meu amigo não conseguiu deixar de rir da situação.

A palavra tibetana *shenpa* – geralmente traduzida como "apego" – significa literalmente "estar preso no anzol". Em sentido figurado, significa estar tão preso a um pensamento que não conseguimos nos livrar dele. Pema Chödrön, especialista em budismo tibetano, compara a *shenpa* a uma coceira incessante; quanto mais coçamos, mais temos vontade de coçar, e à medida que o tempo passa o sofrimento cresce. Meu amigo ter passado a noite em claro por causa de uma mensagem equivocada é um bom exemplo de *shenpa*.

Uma das coisas mais incômodas nos *ahsrams* indianos são os mosquitos. Quem está meditando não pode se mexer, e os insetos sabem muito bem disso e atacam quem estiver imóvel. No *ashram* de Tapoban, no Nepal, há os mosquitos da montanha, grandes como *gurkhas* (soldados nepaleses), que picam quem está meditando, de preferência no meio da testa. Às vezes me pergunto se eles são o maior obstáculo no caminho do conhecimento. Será que o demônio Mara – que tentou impedir Sidarta de atingir a iluminação até o último instante – era uma dessas criaturas chatas? A pessoa que é picada pelo mosquito da montanha coça a testa sem parar, até sangrar, bem no lugar onde se abre o chakra frontal.

A *shenpa* é o sofrimento que vivemos quando a coceira toma conta da nossa mente e não conseguimos nos livrar dela. É um estado corrompido no qual todos os nossos pensamentos giram em torno de uma única coisa, seja uma picada de mosquito, uma ofensa injustificada ou um erro que cometemos. Ser picado por um mosquito já é uma experiência desagradável, mas quando coçamos a picada, em vez de ignorá-la, começamos a sofrer. Quando remoemos um insulto injustificado – situação desagradável por si só –, pioramos nossa vida sem necessidade, tal como fez meu amigo que recebeu a mensagem grosseira. Sofremos mais do que o necessário. Não satisfeitos com algo ruim que nos acontece, insistimos em remoer a situação. O acontecimento em si gera sofrimento, mas nossa reação a ele piora a situação.

No conto "A morte do funcionário", Anton Tchekhov narra a história de um homem que está sob o feitiço da *shenpa*. Certa noite, ele estava assistindo a uma ópera na segunda fila. Corria tudo bem, até que, de repente, ele fez uma careta, prendeu a respiração... e atchim! Espirrou.

Todo mundo espirra de vez em quando, não tem hora nem lugar para acontecer. O sujeito ficou envergonhado porque espirrou na careca da pessoa que estava à sua frente, um general. Inclinou-se para a frente e sussurrou ao ouvido do militar:

– Me desculpe, senhor, espirrei no senhor, mas foi sem querer...

– Não tem problema, não é nada – respondeu o general.

– Acredite, estou morrendo de vergonha. Peço mil desculpas. Não era minha intenção! – desculpou-se novamente o homem.

– Sem problema! Não se preocupe. Por favor, me deixe continuar ouvindo a ópera!

O homem ficou tão envergonhado que olhou para o palco mas não conseguia prestar atenção em nada. No intervalo, aproximou-se do general, venceu a vergonha e sussurrou:

– Me desculpe por espirrar no senhor. Queria...

– Deixe esse assunto para lá. Eu já tinha me esquecido, e você voltou com esse papo! – retrucou o general, irritado, mordendo o lábio inferior.

"Esquecer? Ainda consigo ver a raiva nos olhos dele", pensou o homem. "Ele nem quer falar comigo!"

Quando chegou em casa, o homem contou o ocorrido à mulher. Ela não deu bola, mas, vendo que ele não parava de pensar no assunto, o aconselhou a se desculpar novamente com o general. No dia seguinte, o homem vestiu sua melhor roupa e foi à casa do general para se explicar. Entrando na sala de recepção, viu que o local estava cheio de gente, mas em dado momento conseguiu se aproximar e disse:

– Não sei se o senhor se lembra, mas ontem, no teatro, eu espirrei no senhor sem querer. Por favor...

– Meu Deus, não é possível! – gritou o general. – Você não tem jeito! – E virou para falar com outra pessoa.

O homem ficou pálido.

"Ele nem me deixa falar, de tão furioso que está. Não posso deixar isso ficar assim. Tenho que me explicar", pensou.

Quando o general terminou de atender à última pessoa, o homem se aproximou outra vez num tom de súplica e disse:

– Senhor, longe de mim querer irritá-lo, mas é que estou muito arrependido! Como o senhor sabe, eu não tinha intenção de fazer aquilo!

O general fez uma careta.

– Você está brincando comigo? – disse e saiu pela porta.

"Brincando?", pensou o homem, incrédulo. "Como ele pode pensar isso? Como um general não consegue compreender uma coisa tão simples? Quanta arrogância! Não me desculpo mais com ele. Que vá para o inferno! Vou escrever uma carta, mas não volto aqui! Isso é certo!"

Mas o homem não conseguiu escrever a carta. Pensou, pensou, mas não soube o que escrever. Assim, no dia seguinte fez mais uma tentativa de se justificar pessoalmente ao general.

– Ontem eu incomodei o senhor – começou, gaguejando. – Mas ao contrário do que o senhor achou, não quis tirar sarro. Só queria pedir desculpa por ter espirrado no senhor. Quero que saiba que tenho muito respeito pelos...

– Desapareça daqui! – berrou o general, roxo de raiva, o corpo todo tremendo.

– Como? – perguntou o homem, pálido de susto.

– Vá embora! Saia daqui! – gritou o militar, batendo os pés.

O homem sentiu como se algo tivesse se rompido em seu interior. Sem conseguir prestar atenção em mais nada, saiu pela porta e foi embora. Nem soube como chegou em casa. Sem tirar sua melhor roupa, deitou-se no sofá e... morreu.

A *shenpa* está onipresente no nosso dia a dia. Basta ser alvo de uma crítica, uma indelicadeza, um julgamento equivocado ou um percalço para entrarmos numa espiral interminável de preocupação, transformando um problema menor num verdadeiro tormento. A única forma de nos livrarmos da *shenpa* é nos conscientizarmos de que ela existe.

Pema Chödrön compara a *shenpa* a três peixes que nadam ao redor de um anzol, até que um deles diz aos outros: "O segredo para não ser pego é não morder esta isca inútil."

Precisamos reconhecer a isca e estar atentos para não nos

deixarmos seduzir. Quando mordemos a isca não há mais como nos libertar.

As pessoas podem achar que eu nunca fui picado por um mosquito, mas eles me picam o tempo todo, só não me coço. Quando isso acontece, precisamos ter um pouco de paciência e esperar a coceira passar. Devemos pensar "um mosquito me picou", e não "um mosquito picou minha testa". Do contrário, vamos focar na testa, e uma picadinha irritante vai se transformar numa ferida. Nossa postura perante os mosquitos só depende de nós. Mas veja: não estou sugerindo que você use a mesma lógica se for picado por uma cobra ou por um inseto peçonhento.

Quando caímos num buraco, precisamos nos esforçar para sair dele o mais rápido possível, e não continuar cavando. Isso significa estar atentos à nossa alma. Existe um provérbio tibetano que diz: "Se um problema tem solução, não precisamos nos preocupar; se não tem solução, não adianta se preocupar."

Por que eu sou eu, e não você?

Muitas vezes acreditamos que conhecemos uma pessoa, mas a verdade é o contrário. Nosso conhecimento se limita às ideias que temos dela e aos sentimentos que ela provoca em nós. Quando digo que gosto ou não gosto de tal pessoa, estou confiando na minha opinião, isto é, na ideia preconcebida que tenho dela.

Na cidade de Varanasi, no norte da Índia, existe um lugar que eu adoro: o Raj Ghat, os degraus que descem até o rio Ganges. Pela manhã, você pode se sentar ali e contemplar o sol subindo por entre as árvores na margem oposta. Os peregrinos e os barcos que percorrem o rio dão ao lugar um clima de meditação.

Todos os anos visito Varanasi, e numa dessas vezes conheci um senhor de idade que monta sua barraquinha nos degraus ainda de madrugada para vender *chai*. São só alguns copos, um pilão para triturar o gengibre e um velho fogão a gás. Quando apareço de manhã com cara de quem dormiu pouco ele corre para me oferecer um *chai* com uma dose extra de gengibre, ótimo para as dores de garganta que sinto quando estou na cidade por causa da grande amplitude térmica. Ele prepara o *chai* exatamente como eu gosto, e um dos meus rituais matutinos é bebê-lo enquanto contemplo o nascer do sol.

Mas, certo dia, por acaso vi o homem descer os degraus correndo para encher a chaleira com água do rio. Fiquei chocado! O chá que eu bebia havia anos era feito com aquela água imunda? Me senti trapaceado.

    Desde então, por um tempo passei a ir menos ao Raj Ghat, sabendo que não seria capaz de recusar o *chai* que o senhor me ofereceria. Quando isso acontecia eu olhava fixo para a frente e passava depressa por ele, ou procurava outro *ghat*. Apesar de ignorar o homem, eu sentia seu olhar saudoso me seguir. Sentia falta do meu lugar de sempre, mas não via alternativa.

    No inverno passado voltei a Varanasi, e passando pelo Raj Ghat de madrugada deparei com o homem, que já estava velhinho. Ele ficou feliz por me ver, me deu um abraço e me perguntou quando eu havia chegado e quanto tempo ficaria desta vez. E claro, me ofereceu seu *chai*. Hesitei por um segundo, mas concluí que um copo de *chai* com água do Ganges não me mataria e me sentei nos degraus. Estava tão bom quanto de costume! Mas quando eu estava prestes a me convencer de que o *chai* era especial exatamente porque a água vinha do rio sagrado, o homem se levantou de repente e desceu os degraus com a chaleira para pegar água.

    Não consegui me conter. Tive que ser sincero. Comecei dizendo que adorava o *chai* e também o lugar, mas que achava absurdo ele fazer o chá com a água suja do rio. Além de não ser higiênico, era ilegal. O velhote me encarou estupefato. Afirmou que nunca tinha feito o *chai* com água do Ganges. Na hora me perguntei como ele era capaz de mentir na minha cara. Eu tinha visto com meus próprios olhos ele ir buscar a água no rio. Desiludido, pousei o copo meio cheio, então o velhote apontou para baixo dos degraus de pedra e sugeriu que eu fosse até a margem. Não entendi o que ele queria, mas desci os degraus, e então vi: logo acima do rio havia uma saída de cano da qual jorrava água. Vinha de um poço profundo que alcançava os lençóis de água subterrâneos. Eu não sabia que em alguns pontos do rio Ganges havia essas saídas de água limpa e potável para abastecer os moradores da região.

Quando eu voltei e me sentei a seu lado, ele explicou que o encanamento público de abastecimento estava velho e enferrujado, o que deixava a água com um gosto ruim. Eu mal conseguia olhá-lo nos olhos, de tão envergonhado.

Depois percebi que os outros vendedores espalhados pelos *ghats* de Varanasi sabiam que a água dos lençóis subterrâneos era boa, mas não a usavam pois quem era de fora podia ver e achar que eles estavam pegando água do Ganges. Bastava um turista ver um deles descendo até ao rio para encher a chaleira. Alguns guias de viagem até avisam a respeito disso.

Até que ponto conhecemos as pessoas? Existe outra expressão como "conhecer alguém" que signifique o contrário? A afirmação de que conhecemos alguém nunca é inteiramente precisa, por mais que sejamos próximos desse alguém. Cada vez que fazemos um juízo de valor equivocado, corremos o risco de ofender o outro. Se um relacionamento proporciona uma crescente sensação de vazio, não é porque as duas pessoas não se conhecem bem, e sim porque acreditaram que se conheciam, mas estavam equivocadas. Na maioria das vezes vemos, quando muito, a direção que o outro segue e não nos damos o trabalho de observar exatamente de que fonte ele pega água. Conhecer o outro, ou seja, ter uma ligação real com ele, significa abrir mão de ideias preconcebidas e ir com ele até o último degrau.

Em Varanasi houve outra situação que me fez perceber como sei pouco sobre o ser humano. No fim do dia sempre havia crianças vendendo cartões-postais ou flores no *ghat*, e, toda vez que me viam sentado escrevendo ou bebendo o meu *chai*, elas me rodeavam. Entre elas havia um menino que se chamava Pintu e tinha sido apelidado pelos amigos de Phetu – "comilão".

Notei que ele tinha dificuldade de aprendizado e temia dar troco a mais aos clientes. Por isso, resolvi ensiná-lo. As bananas que eu comprara no mercado serviriam de material didático.

– Pintu, se eu lhe der uma banana, depois mais uma, e por fim mais uma, com quantas bananas você fica?

O menino olhou para o céu, usou o polegar direito para contar os dedos da mão esquerda e respondeu:

– Quatro!

Recomecei:

– Eu lhe dou uma banana agora. Depois outra, e por fim mais uma. Quantas bananas você tem agora?

Praticamente revirando os olhos enquanto calculava, ele usou os dedos para contar ainda com mais cuidado. Então respondeu:

– Quatro!

Eu não sabia o que fazer, por isso coloquei uma a uma as bananas nas mãos dele.

– Pintu, não tente comer as bananas. Preste atenção em mim. Aqui tem uma banana. Aqui, mais uma. Portanto, eu lhe dei duas bananas, certo? Agora vou lhe dar mais uma. Quantas bananas você tem no total agora?

A criança percebeu que estava errando na conta, por isso não só revirou os olhos, como franziu a testa. Então, hesitante, respondeu:

– Quatro.

Tentei não transparecer, mas fiquei irritado. Havia um ano que doava dinheiro para ajudar aquelas crianças a frequentar a escola e estava desiludido. Contei uma a uma as bananas que o Pintu estava segurando:

– Uma, duas, três.

O menino deve ter notado a irritação na minha voz, pois começou a chorar. Fiquei com tanta pena que o abracei e disse:

– Não tem problema. Pode ficar com as bananas. Outro dia treinamos as contas.

Ele usou a manga da camisa para secar as lágrimas do rosto. Então, olhou para baixo e tirou uma banana do bolso do short. A quarta banana.

Existe um ditado tibetano que diz que não devemos escolher como mestre aquele que começa a pregar assim que nos sentamos. Um ensinamento que ocorre sem a compreensão profunda do outro é uma coação. Eu ter razão não significa necessariamente que o outro não tem razão. Podemos ajudar o outro a desabrochar, mas isso significa ajudá-lo a abrir as flores dele, e não regar as nossas próprias flores.

O monge trapista americano Thomas Merton escreveu no seu livro *Homem algum é uma ilha*: "Cada pessoa é um ser independente, pois tem seus segredos e sua solidão, sobre os quais não pode falar com os outros. Se amamos um indivíduo, temos que amar o que o faz ser independente. Destruímos nossa alma e a dos outros ao nos colocar no centro de tudo e julgar as pessoas com base no nosso jeito de viver."

Sou eu

Em minhas viagens pela Caxemira, muitas vezes vi gente da região – grupos religiosos em sua maioria – sentada lado a lado, em grupos, cantando nas ruas. Eu não entendia as letras, mas as vozes e as melodias me acalmavam de tal modo que um dia fui conversar com um desses grupos para entender melhor do que se tratava. Eles me explicaram que cantavam poemas de Lalla. Junto com Rumi e Kabir, Lalla – também conhecida como Lalleshwari ou Lal Ded – é o expoente máximo da poesia mística indiana.

Filha de família abastada, Lalla foi educada pelo próprio pai, que pertencia à casta dos brâmanes. De acordo com os costumes da época, foi casada aos 12 anos, o que levou a uma mudança radical em sua vida. A sogra, em particular, a desprezava. Colocava pedras em seu prato, debaixo do arroz, para parecer que ela comia demais. Enquanto o resto da família comia carne de cordeiro nos dias de festa, Lalla recebia pedras. Estava conformada com o destino e, sem se queixar, limpava não só o próprio prato, mas também as pedras, que voltavam ao prato na refeição seguinte. O marido não se importava com nada daquilo.

Todo dia, ao amanhecer, Lalla tinha que buscar água no rio e, como estava perto, aproveitava para ir a um mosteiro rezar um pouco. Mas com o tempo a sogra reparou que ela demorava mais do que o necessário e imaginou que havia um amante. Então levou a suspeita ao filho, que imediatamente pegou um cântaro e bateu com tanta força na cabeça de Lalla que o recipiente se partiu. Lalla tinha 24 anos quando fugiu da casa da sogra e pôs fim ao seu terrível casamento.

    Seminua e desnorteada, ela perambulou sem rumo pelas ruas, até que, desesperada, falou com Deus: "Sou eu, Lalla." Essas foram suas únicas palavras, e elas bastaram. Quando o sofrimento de nossa alma se torna insuportável, basta dizermos "Sou eu" a quem nos conhece por dentro e por fora. Se um amigo que está passando por um terrível revés telefona e diz "Sou eu", não precisa acrescentar mais nada. Se não compreendêssemos o sentido dessas palavras, não seríamos amigos de verdade.

    Quando dizemos "Sou eu" a Deus, expomos não só nosso sofrimento e nosso desespero, como também nosso âmago, nossa verdade plena, e revelamos nossa vontade. Não nos apresentamos perante Ele como um farrapo humano, envergonhados ou impotentes. Ao dizer "Sou eu", nós nos colocamos no centro de nossa vida e deixamos claro que pretendemos comandá-la de acordo com nosso propósito.

    Lalla rezou: "Sou eu, Lalla, quem quer que seja você. Eu me dirijo a você e lhe estendo a mão, quer seja Deus, uma força infinita ou o universo. Quero que saiba que estou aqui, nesta terra, com os pés bem plantados na vida. Este 'eu' não é meu ego, e sim o verdadeiro eu. Não estou mais sozinha, e o mundo que carrego dentro de mim é muito maior que este planeta."

    Lalla se manteve firme nessa crença ao fazer a travessia do seu vale de lágrimas.

    Quando nossa alma ameaça se partir e nasce um abismo dentro de nós, precisamos de orações. Toda religião tem as suas, mas não conheço nenhuma mais bela ou verdadeira que a de Lalla. Sua oração transmite um otimismo inabalável que a ajuda a vencer o sofrimento.

"Sou eu, Lalla. Olhe para mim. Não há nada me cobrindo, estou exposta diante do Senhor. Não estou usando roupas nem joias. Não tenho família nem amigos que me compreendam, mas chegou o momento de enterrar minha dor. Não quero terminar a vida como louca. Nenhum sofrimento ou desespero pode me destruir. Por maior que seja a dificuldade, eu me reerguerei, até sentir que, em algum momento, a provação acabou. Então, compreenderei que esta vida fortuita é uma dádiva."

Nua como veio ao mundo, Lalla canta:

Dance, Lalla, com seu vestido de ar.
Cante, Lalla, envolta no céu.
Veja como este dia resplandece.
Que sári pode ser mais belo,
mais sagrado?

Não é verdade que, neste momento, não só o "dia" resplandece, mas também o "eu"? Eu existo agora, neste momento, canta Lalla, ao se livrar da hipocrisia e das falsas aparências, e está ali, despida, envolta apenas em ar e céu. "Veja como este dia resplandece", canta, após se libertar do sofrimento, e com isso diz "Veja como eu resplandeço" e "Que sári pode ser mais belo?"

Faça da oração de Lalla sua própria oração. Revele seu interior, exponha-o ao mundo, para poder viver a vida pela qual tanto anseia, para que sua alma possa renascer.

Nossa viagem terrena é uma busca interminável por nós mesmos, seja no ônibus, na praia ou nos Himalaias, em pensamento ou por palavras: "Sou eu."

Parte 6

Preste atenção nos sinais que Deus coloca no seu caminho para ajudá-lo a atingir seu objetivo. Aquilo que você procura na verdade está à sua procura. Você já passou por bifurcações na vida? Olhe para trás. Algum sinal chamou sua atenção, numa rua ou num lugar qualquer por onde tenha passado? Ou o que surge na sua mente é alguma frase de um livro que você folheou, uma frase que poderia ter mudado a sua vida? Você se lembra do instante em que essa frase falou ao seu coração?

Uma única frase verdadeira

Ernest Hemingway viveu em Paris de 1921 a 1926. Cerca de 30 anos depois, pouco antes de morrer, Hemingway descreveu essa época num livro publicado postumamente e intitulado *Paris é uma festa*. Sem meias-palavras, ele descreve a pobreza em que vivia antes de ser consagrado um escritor de renome mundial. Narra as preocupações de ter que sustentar uma família sem um centavo na carteira, conta histórias da vida com a primeira mulher e, por último, mas não menos importante, revela episódios com seu melhor amigo, F. Scott Fitzgerald, autor de *O grande Gatsby*. Também fala de sua amizade com Silvia Beach, dona da livraria e biblioteca Shakespeare and Company, de onde pegava livros mas não pagava pois não tinha dinheiro; das vezes em que passava a tarde inteira escrevendo no café Les Deux Magots, bebendo um único *caffè crema*, enquanto os funcionários limpavam e varriam o estabelecimento; de como conheceu James Joyce, autor de *Dublinenses* e único escritor contemporâneo de Hemingway que o admirava; e de como conheceu o poeta Ezra Pound, fundador do Imagismo, que Hemingway considerava seu melhor crítico.

Hemingway descreve como poupava dinheiro dizendo à esposa que tinha sido convidado para almoçar, mas em vez disso passeando por duas horas no Jardim de Luxemburgo ou visitando um museu. Muitas vezes, percorria ruelas onde "não se via nem se sentia o cheiro de nada de comestível" para fugir de aromas tentadores. Não tinha de onde ganhar dinheiro, pois desistira do jornalismo, e além de tudo ninguém queria adquirir o direito de publicação de seus contos nos Estados Unidos. Mas não se envergonhava da sua pobreza. "Nós nem nos considerávamos pobres", escreveu ele. "Não admitíamos isso. Pensávamos que éramos superiores, e as outras pessoas, que olhávamos de cima e de quem desconfiávamos, eram ricas."

Paris é uma festa me serviu como uma fonte de consolo e força quando estava no segundo ano de faculdade, tinha 21 anos e escrevia poemas que nem eu mesmo compreendia. Li o livro, que, na edição coreana, se intitula *A festa de uma cidade triste*, e de certa forma morar no quarto que alugava ou viver na rua começaram a me parecer opções mais suportáveis. Há livros dos quais não precisamos sublinhar uma única linha, pois nos fundimos com o autor, nos sentamos com ele num banco de jardim para pensar e sonhar juntos.

Em *Paris é uma festa* Hemingway escreve: "Os cadernos de capa azul, os dois lápis, o apontador de lápis (com o canivete desperdiçaria muito), as mesas com tampos de mármore, o perfume das primeiras horas da manhã, apagar aqui, corrigir ali, mais um pouco de sorte – eis tudo o que era necessário. Para ter sorte, levava no bolso direito uma castanha-da-índia e um pé de coelho. O pé de coelho já perdera o pelo há tempos e seus ossos e tendões estavam lisos pelo uso. As unhas arranhavam o forro do bolso; a sorte ainda estava ali."

O costume de ter um pé de coelho como amuleto vem de superstições celtas e era um hábito difundido na Europa e na América do Sul. Como não tinha nem castanhas nem pés de coelho, prendi no meu casaco preto um broche que havia achado no chão da faculdade. Tempos depois, prendi mais dois, e esse número foi aumentando até que o tecido começou a rasgar. Nos momentos de mais dificuldade, em que eu precisava de mais sorte que o habitual, enfiava qualquer coisa no bolso – um toco de lápis, uma bola de gude azul que encontrara na rua, um botão.

Os amuletos que eu levava dentro de mim eram as frases de Hemingway, que ainda sei de cor, de tantas vezes que as recitei: "Não se preocupe. Você tem escrito até hoje e continuará sendo capaz de escrever. Só precisa escrever uma frase verdadeira. Escreva a frase mais verdadeira que souber."

Quando Hemingway não conseguia continuar escrevendo ou se sentia atormentado por medo do futuro, ia para a janela do sótão onde morava e contemplava os telhados e chaminés de Paris. Se conseguisse produzir uma frase verdadeira, ela serviria de mote para ele continuar escrevendo. E sempre havia uma frase verdadeira, que lera em algum lugar ou ouvira alguém dizer.

Quando começou a escrever frases cuidadosamente elaboradas, Hemingway descobriu que podia cortar os floreios e recomeçar tudo a partir da primeira frase verdadeira.

Uma frase verdadeira! Senti o coração acelerar. Foi esse o talismã que Hemingway me deu. Desde então já se passaram trinta anos, mas ainda hoje começo a escrever me perguntando: "Qual é a minha frase verdadeira hoje?"

Podemos pensar que Hemingway era um gênio, um escritor nato, mas a realidade é que ele nunca teve facilidade para escrever. Seja na juventude ou mais tarde na carreira, ele se sentava para escrever todos os dias na mesma hora, no mesmo lugar. Tinha a sensação de que desperdiçaria seu talento assim que soltasse o lápis.

"Nunca me esquecerei de escrever. Nasci para escrever, até hoje foi assim, e continuará sendo. Não aceitarei o que as pessoas dizem sobre meus livros, seja um romance ou um conto."

E ele recorda: "O dia começara tão alegre. Amanhã eu teria

que dar duro. Na época eu acreditava que o trabalho cura quase tudo, e sigo acreditando nisso."

Após viver em Paris, Hemingway escreveu obras como *O sol também se levanta, Adeus às armas, Por quem os sinos dobram, O velho e o mar*, entre outras, que ocupariam para sempre um lugar de destaque na literatura mundial.

Quando Arnold Samuelson decidiu ser escritor, foi a Hemingway pedir conselhos e ouviu o seguinte: "Escreva, em vez de desanimar. Dentre as pessoas que conheço, o senhor é aquele que desanima com mais facilidade. Isso pode ser sinal de genialidade, mas ao mesmo tempo é uma questão que precisa superar."

"Por onde você começa? Qual é o tema da sua vida?", pergunta-me Hemingway, aqui ao meu lado. Qual é a sua frase verdadeira? Quais são seus pensamentos verdadeiros? Quais são seus passos verdadeiros? Qual é a sua canção verdadeira?

O homem que dobrou o paraquedas

Todos os anos, há um momento em que futuros escritores me procuram para pedir conselhos em relação aos seus poemas. Significa que o mês de dezembro se aproxima e que os jornais começaram a aceitar inscrições para os concursos literários que ocorrem na primavera.

No meu primeiro ano de faculdade, descobri por acidente um anúncio no edifício de um jornal da cidade: "Hoje termina o prazo de inscrição para as candidaturas ao prêmio literário deste ano." Vi o anúncio como um sinal da divina providência e fui à sede para saber como participar. Todos os jornalistas estavam fora da cidade, e só havia uma mulher no escritório, sentada à escrivaninha. Comentei que queria me candidatar e pedi um bloco de papel. Ela me lançou um olhar desconfiado e apontou com a caneta para um armário onde havia uma pilha de blocos. Escrevi uma série de poemas meus que sabia de cor e os entreguei a ela.

Não foi o meu nome que apareceu na edição de ano-novo do jornal, abaixo da foto do vencedor. Senti o baque, mas não foi o suficiente para acabar com a minha autoconfiança. Em primeiro lugar, porque eu me inscrevi porque quis. Em segundo lugar, porque fiquei entre os três finalistas – o que me motivou a me preparar tão bem para o concurso do ano seguinte que cheguei a largar a faculdade por um tempo. E ganhei o prêmio do jornal.

Dias antes da entrega, recebi um telefonema da minha irmã,

que também mora em Seul com o marido. Ela me contou que nosso pai tinha vindo nos visitar de surpresa. Fui à casa dela, e lá estava ele – usando um terno velho, o único que tinha. Em dado momento puxei minha irmã num canto e perguntei se ela sabia o motivo da visita, e ela sussurrou que talvez tivesse a ver com a entrega do prêmio. Balancei a cabeça. Aquilo não era nada de especial. Na minha família, não fazíamos estardalhaço por essas coisas. Na verdade, a entrega do prêmio não era motivo de orgulho para mim. Um poeta sob os holofotes... que incompatível! Eu mesmo me perguntava se deveria ir à cerimônia. Falei isso tão alto que meu pai provavelmente ouviu no quarto ao lado.

Como não podia deixar de comparecer à cerimônia de entrega, acabei indo com meus colegas de faculdade. Quando terminou, eu os convidei para ir a um bar gastar o dinheiro do prêmio e cheguei em casa completamente bêbado. Mais tarde fiquei sabendo que meu pai tinha passado a noite acordado esperando um telefonema meu e, na manhã seguinte, voltou para casa. Nesse mesmo dia, dois anos depois, sucumbiu a um câncer.

Eu estava no Café Hakrim, perto da faculdade – que, na época, era como minha sala de estar – quando, no fim da tarde, minha outra irmã, que morava perto dos meus pais, me telefonou. Nosso pai se encontrava em estado crítico. Pedi dinheiro emprestado para pegar um ônibus que parava na cidade mais próxima do nosso vilarejo. Dali, tive que andar mais de três horas a pé até a casa dele, pois os ônibus não estavam mais circulando. A estrada recém-asfaltada corria junto a um rio congelado que cintilava ao luar, como me recordava de ver na infância, e não cruzei com ninguém no caminho, além de vultos fantasmagóricos dos animais selvagens. Consigo me ver caminhando por aquela paisagem de inverno como se tivesse sido ontem.

Dizem que o rio é um símbolo da sucessão fluida dos acontecimentos na vida, mas parte da minha vida ficou congelada naquele momento. Quando enfim me sentei na cama ao lado do meu pai, ele abriu os olhos, olhou para mim e os fechou para sempre.

Tempos depois, tratando da herança, tive acesso a uma caixinha de madeira fechada com um cadeado onde ele guardava objetos pessoais. Entre outras coisas, encontrei um envelope amarelado com fotografias em preto e branco. Meu pai viajou para o Japão quando tinha 20 anos, e as fotos eram dessa época agitada, com fotos também de viagens às Filipinas e à Indonésia. Eu não tinha ideia de nada daquilo e fiquei pasmo ao vê-lo nas imagens, num navio, fazendo pose com um grupo de mulheres. Logo depois meu pai se casou, teve filhos e começou a trabalhar como lenhador em Hokkaido para sustentar a família. Ver meu pai naquelas fotos com colegas lenhadores nas florestas, rodeado de árvores colossais, me fez descobrir um lado dele que eu não conhecia.

Na caixa também havia um artigo de jornal cuidadosamente dobrado, com a notícia do meu prêmio literário. Onde ele arranjara o jornal? E por que eu tinha agido tão mal com ele na época do prêmio? Como eu não sabia que ele viajara pelo mundo quando jovem? Que voltara para casa com tuberculose, mas continuou trabalhando no campo até o fim da vida, para pôr comida na mesa da família? Seguindo a tradição, minha mãe quis queimar tudo o que pertencera ao meu pai, incluindo seu único terno, mas eu o levei para Seul e o usei até se esfarrapar.

Pouco tempo atrás, um amigo de Délhi me mandou a seguinte história:

Durante a Segunda Guerra Mundial, houve um lendário comandante da Força Aérea Indiana chamado Anand. Ele invadiu bases inimigas com seus homens, destruiu depósitos de materiais das forças opositoras e minou o moral das tropas inimigas. Quando seu avião foi alvejado, ele saltou de paraquedas em pleno voo e se salvou. Ao fim da guerra, voltou para casa.

Um dia, Anand estava sentado num café quando um homem se apresentou e bateu continência. Anand não se lembrava do sujeito e perguntou de onde se conheciam.

– Senhor comandante, eu o conheço bem – respondeu o homem. – Fazia parte da sua unidade. Quando sua aeronave foi alvejada pelo inimigo, o senhor conseguiu se salvar graças ao paraquedas. Fui eu que o dobrei naquele dia e o guardei na sua aeronave. Fiquei muito feliz e orgulhoso quando me disseram que o senhor tinha aterrissado em segurança com o paraquedas.

Com lágrimas nos olhos, Anand se levantou, abraçou o homem e agradeceu. Estava vivo graças aos cuidados daquele desconhecido. Se o paraquedas não tivesse aberto, aquele teria sido seu salto final.

Nessa noite, Anand não conseguiu dormir. Durante o tempo de serviço, quantas vezes havia cruzado com aquele homem sem nunca reparar nele, só porque era o grande comandante, e o homem não passava de um mero soldado?

Quantas vezes na vida reparamos nas pessoas que dobram nosso paraquedas? Quantas vezes ignoramos aqueles que nos protegem, que oram por nós e que, em todos os momentos importantes, preparam nossos paraquedas, físicos e emocionais, para aterrissarmos em segurança? E quantas vezes somos nós que preparamos os paraquedas para os outros?

Eu, o original; você, a falsificação

O açafrão é vendido por grama e custa uma fortuna. A especiaria mais cara do mundo é produzida a partir de seus rizomas, que são arrancados um a um da terra e depois passam por um processo de secagem. Para fazer um grama de açafrão são necessários – acredite – cerca de 160 rizomas, o que confere à especiaria a apelido de "ouro vermelho". Quando secos, os rizomas parecem fios e têm um aroma característico e um gosto inconfundível. O açafrão vem do Mediterrâneo e dos países árabes, mas era citado na mitologia grega e apreciado em diversas culturas como especiaria, medicamento, cosmético, corante – e pela função em cerimônias religiosas.

O nome "açafrão" vem do árabe. Na Índia, chama-se *kesar*, e quando eu estive lá da última vez, fui com meu amigo Kamlesh a um mercado de especiarias. Quando falei que queria *kesar*, ele sugeriu que eu tomasse cuidado, pois havia muitas falsificações, e se ofereceu para ajudar.

Kamlesh é corretor de seguros, por isso conhece todos os donos de lojinhas.

– Aquela loja ali é boa – garantiu ele, apontando. – Pode confiar neles. Um irmão do dono se casou com uma mulher que era irmã do treinador de críquete do meu cunhado, quando ele ainda jogava. É quase da família.

Quando fiz cara de confuso, ele disse "Fique tranquilo!". Na mesma noite, apareceu com um saquinho plástico com um pouco de *kesar*.

Eu não tinha como ter certeza, mas o *kesar* que ele me trouxera parecia autêntico. Só de olhar para aquela especiaria vermelho-escura e fibrosa eu sentia o coração bater mais rápido. Na Antiguidade Greco-Romana, o açafrão era usado para pintar tecidos de vestimentas de governantes. Quem fosse pego com falsificações era condenado à morte. Meu amigo polvilhou dois ou três pistilos de açafrão num copo de leite, que imediatamente ganhou uma tonalidade amarela – prova indiscutível de que se tratava de *kesar* verdadeiro. Fiquei estupefato. Todo dia usava um pouquinho no chá e no leite.

Mas minha alegria durou pouco. Tempos depois, encontrei meu amigo Adesh num café e contei como havia comprado o açafrão. Ele ficou irritado. Como eu podia ter sido ingênuo a ponto de confiar numa loja de especiarias? O *kesar* era tão caro que as lojas convencionais só vendiam falsificações e corantes – às vezes, provenientes de plantas não comestíveis. Ele não explicou o que poderia acontecer nesse caso, mas pela forma como falou, parecia perigoso. No fim, prometeu que conseguiria *kesar* verdadeiro. Ele pertence à casta dos brâmanes e é amigo de sacerdotes que todas as noites realizam cerimônias religiosas num templo hindu, onde não pode faltar *kesar*. Compram sempre com o mesmo fornecedor, uma pessoa de confiança.

Eu já tinha visto a especiaria antes, por isso não era totalmente leigo para avaliá-la, e a mercadoria que Adesh me passou por baixo da mesa no dia seguinte, todo orgulhoso, parecia autêntica. Quando coloquei um ou dois pistilos no leite, ele demorou um pouquinho, mas acabou adquirindo um tom amarelo intenso. Essa demora era normal, explicou Adesh. Quando a cor muda rápido demais é sinal de que se trata de um corante artificial.

Na mesma noite, fui convidado para jantar com uma família

indiana com quem fiz amizade, os Chote Lals, e levei um pouco do *kesar* que Adesh me arranjara. Minha ideia era polvilhá-lo no *khir* – um pudim de arroz servido como sobremesa – e desfrutarmos a cor e o aroma. Quando tirei o pacotinho do bolso, a família ficou horrorizada. Disseram que claramente aquele *kesar* não podia ser verdadeiro, não passava de corante, e que os vendedores estavam enganando os sacerdotes.

Estava eu ali, envergonhado diante do *khir*, quando a dona da casa apareceu sorrindo e me deu uma caixinha transparente do tamanho de uma moeda. O *kesar* dentro dele era claro. A mulher me explicou que o irmão era militar, estava alocado na fronteira com a Caxemira e o trouxera de lá. Era vendido por um produtor local. De que provas precisaríamos mais? Aquele era mesmo original!

Meses depois, fui a Ladaque e visitei o mosteiro de Thiksey, a 3.500 metros de altitude. Perto da entrada havia uma pequena farmácia aiurvédica com grande variedade de ervas medicinais. Tomei um susto quando olhei para a mesa de um monge e vi uma pilha de caixinhas de plástico com *kesar*. Perguntei se era autêntico, e o homem me olhou por cima dos óculos de leitura e apontou em direção ao mosteiro, como se quisesse dizer que estávamos num local sagrado do budismo, portanto não havia chance de ser falsificação.

Em seguida ele deu uma boa olhada na minha cara e no meu cabelo comprido e começou a enumerar os efeitos positivos da especiaria. Cura a depressão, impede o crescimento de células malignas, previne a queda de cabelo. Faz milagre contra o diabetes, emagrece e é ótima para a visão e a memória. Por outro lado, prosseguiu ele, contém substâncias tóxicas que podem provocar náuseas e vertigem, quando consumida em excesso. Uma pessoa que sabia tanto sobre *kesar* devia ser de confiança.

Levei as quatro caixinhas para a Coreia. Pouco tempo depois, fui convidado para um jantar em que estaria o embaixador da Índia. Contei todas as experiências com o *kesar* que tivera até então. O embaixador caiu na gargalhada e, balançando a cabeça, exclamou:

– Nós, indianos, somos impossíveis!

Sem dar mais explicações, levantou-se e foi buscar uma caixinha de madeira com um elefante gravado na tampa. Abriu o cadeado e levantou a tampa, revelando um *kesar* da mais alta qualidade. Fiquei boquiaberto.

O embaixador me explicou que, antes de vir para a Coreia, passou um tempo estacionado num país árabe, e um membro do governo lhe oferecera aquele *kesar* verdadeiro como presente de despedida. Ele me deu a caixinha e me disse, num tom taxativo, que eu podia jogar todo o resto do meu *kesar* no lixo, pois certamente era falsificado. Na caixinha havia até um certificado de autenticidade.

Assim, hoje eu tenho nada menos que cinco espécies de *kesar*. Sou profundamente grato a todos que me arranjaram o "*kesar* verdadeiro" num gesto de amizade. Mas quando olho para as caixas onde as guardei, todas parecem gritar que são verdadeiras, um fenômeno que acontece não só comigo, mas em qualquer lugar do mundo. Quantas vezes pensamos que o "nosso *kesar*", sim, é o verdadeiro?

Será que só a nossa religião, só o nosso conhecimento, só os nossos valores, só o nosso tipo de meditação são verdadeiros, e tudo o mais não passa de imitações ou falsificações?

O que há por trás dessa insistência em dizer que só o que é nosso é verdadeiro? Será que a questão não é o "verdadeiro *kesar*", e sim um desejo de nos colocarmos num pedestal, um desejo de afagar nosso ego dizendo: "Eu estou certo, e você, não"? É bem possível que tanto a falsificação quanto o original já não se encontrem em seu estado original. Nossa opinião é subjetiva e apenas reproduz nosso ponto de vista, mas nós teimamos em torná-la o padrão para tudo. O que aconteceria se parássemos de fazer isso? Seríamos mais livres? Independentemente da resposta a essa pergunta, continuo esperando a chegada do "*kesar* entre todos os *kesares*" que o embaixador da Índia me prometeu.

A estrela que brilha também se apaga

Todo escritor sonha com uma sala de trabalho ideal. Um lugar só seu, com a quantidade exata de luz solar, equipado apenas com as coisas de que ele precisa para escrever, silencioso e que o impeça de pensar nos problemas financeiros. O ideal seria que ele também pudesse receber visitas e oferecer a elas uma xícara de chá. E o paraíso na Terra seria ter um pequeno jardim na frente e montanhas onde pudesse ir passear por perto.

Durante 25 anos sonhei com uma sala assim – cheguei a pintar um quadro dela e a pendurá-la na parede. E, depois de tanto tempo, o sonho finalmente se concretizou. Eu morava de aluguel numa antiga casa de madeira, na qual sempre sentia frio por falta de calefação. Em dado momento, decidi comprá-la e renová-la. Sei que isso soa romântico. Mas será que me ajudou a escrever melhor? Sem fazer rodeios, a resposta é não. Romântico? Que nada! Sou uma besta. Empatei todo o meu dinheiro numa casa só para chegar à conclusão de que o ambiente não exerce qualquer influência na escrita. Se eu escolhesse um café barulhento, uma estação de trem lotada ou a varanda de um albergue – sob o olhar de saguis –, conseguiria escrever melhor do que na minha sala. No fundo, não importa quando nem onde: só precisamos arranjar tempo e espaço para escrever e declará-lo um lugar sagrado e intocável.

* * *

O norte da Índia fez parte de um império mongol entre os séculos XVI e XIX, e certo dia o imperador chamado Akbar foi caçar na floresta.

Quando chegou o momento da oração noturna, ele desenrolou o tapete de oração, sentou-se nele e começou a rezar. De repente uma mulher desorientada e amedrontada passou por ali procurando o marido que tinha ido pegar lenha e ainda não chegara em casa. Distraída, sem querer ela pisou no tapete sagrado do imperador. O homem ficou tão furioso que mandou matar a mulher na hora. Ajoelhada à força pelos guardas de Akbar, a mulher se explicou:

– Eu estava tão distraída pensando no meu marido que não reparei no seu tapete. Mas Vossa Majestade também não estava com o pensamento totalmente voltado para Deus, do contrário não teria reparado em mim.

O mongol admitiu que a mulher tinha razão e mandou os soldados procurarem o marido dela e salvá-lo dos animais selvagens, e eles conseguiram encontrá-lo.

Quando estamos insatisfeitos com o ambiente ao nosso redor, é hora de questionar a paixão que sentimos em relação ao que fazemos. Estamos dedicados de corpo e alma? Conseguiríamos produzir uma obra extraordinária se fôssemos para uma ilha remota no Pacífico Sul e contratássemos um assistente de confiança para se encarregar de todas as tarefas cotidianas? Não!

Eu vivi dois anos na ilha de Jeju e não escrevi uma única linha. Pudera: o mar estava a 100 metros da minha porta, do outro lado da baía erguia-se o monte Halla, e à noite as corças se aproximavam da minha casa. Tudo a meu redor era fantástico. Mas para escrever eu me sentava debaixo da mesa, porque eu vivia numa comunidade, e, quando as pessoas passavam pela minha casa, muitas vezes meu único desejo era que pensassem que não havia ninguém ali.

"Dedique-se a uma causa que cative seu coração", aconselha um autor desconhecido. A escritora americana Gertrude Stein escrevia no carro; Maya Angelou, autora de *Eu sei por que o pássaro canta na gaiola*, ia para um quarto de hotel, levava uma Bíblia e dicionários, e ali ficava, recolhida, escrevendo. O incrível poeta turco Nâzim Hikmet escreveu a maior parte dos seus poemas no cárcere.

O escritor irlandês George Bernard Shaw tinha um quartinho mobiliado como bar e o chamava de *Londres*. Quando alguém telefonava, ele dizia que no momento estava em Londres e não podia se encontrar com a pessoa. Virginia Woolf e Ernest Hemingway escreviam em pé, para não se deixarem vencer pela preguiça, e Victor Hugo, autor de *Os miseráveis*, ficou nu e mandou um criado tirar tudo do quarto, exceto pena e papel, para não se deixar distrair por nada. Isso mostra que o lugar em si não desempenha qualquer papel na escrita. A única coisa que importa é haver algo sobre o qual valha a pena escrever e se concentrar no processo.

Um jovem monge avisou a seu abade que pretendia ir embora do mosteiro. Quando o abade perguntou o motivo da decisão, o monge explicou:

– Os irmãos são muito barulhentos. Não querem praticar a fé e passam o dia falando mal uns dos outros, têm discussões políticas e brigam pelos assuntos mais banais. Além disso, alguns irmãos são extremamente negativos. Estou perdendo tempo tentando praticar minha fé aqui.

– Compreendo, mas quero lhe fazer um pedido antes de ir embora.

– Sim, o que o senhor quiser.

– Pegue um copo, encha-o de água até a borda e dê três voltas no mosteiro segurando o copo. Mas não deixe derramar uma única gota. Depois disso, pode ir embora.

O monge ficou intrigado, mas atendeu ao pedido. Em seguida, voltou ao abade e disse:

– Fiz o que me pediu.

Fez uma reverência e, quando ia se virar para ir embora, o abade perguntou:

– Quando você estava dando as voltas no mosteiro, por acaso escutou algum irmão criticando outro? Alguém estava conversando ou discutindo?

O jovem monge respondeu que não. O abade acenou com a cabeça, satisfeito.

– Entende o motivo? Você estava totalmente concentrado. Para não derramar sequer uma gota d'água, você se concentrou na tarefa, e nenhum ruído penetrou em você. Não importa qual seja o seu próximo mosteiro: você sempre estará rodeado de fofocas, discussões e palavras negativas. Quem não está no Céu não está livre deste mundo secular barulhento. Quando isso incomodá-lo, concentre-se na água dentro do copo, ou seja, naquilo que você considera mais precioso, na prática da sua fé e no seu crescimento pessoal. Assim, nada o incomodará.

Não importa se somos monges ou defensores de uma causa: nosso espaço ideal não está fora, e sim dentro de nós. Cada um de nós escreve sua própria história e tem uma folha em branco à sua frente. Nenhum lugar pode tornar o caminho rumo ao nosso interior mais fácil ou agradável. Só podemos contar com nós mesmos, com a nossa vontade e com a concentração naquilo que consideramos mais importante. Que palavras a vida escreve? Que cores usa para pintá-la? A estrela que brilha também se apaga.

Charles Bukowski escreveu num ensaio: "Quando você quer ser criativo, é criativo, não interessa se trabalha 16 horas por dia numa mina de carvão ou se vive de seguro-desemprego num quarto com três filhos. Quando você quer ser criativo, é criativo, não interessa se tem um gato nas suas costas ou se sua cidade inteira estremece por causa de um terremoto, um bombardeio, uma enchente ou um incêndio. Nem o ar nem a luz, nem o tempo nem o espaço têm nada a ver com o trabalho criativo. Por isso, pare com as desculpas. A menos que você tenha uma vida especialmente longa, a ponto de encontrar outra desculpa."

Quem espera o ambiente ideal para começar a escrever nunca produzirá nada. Escrevo estas palavras no segundo andar de um café perto de casa, ao lado de dezenas de clientes que sobem e descem as escadas. Duas pessoas já se aproximaram para me cumprimentar, mas fiz de conta que não estava aqui.

– Shiva Ryu? – perguntei, balançando a cabeça. – Neste momento ele está na Índia.

Aquilo que você procura na verdade procura você

O tradutor dos meus poemas para o inglês e o polonês terminou uma das suas cartas para mim com um dístico de Mirza Ghalib, poeta do século XIX, de Délhi. Eu já o conhecia, mas foi a primeira vez que li os versos.

Meu poema não é música nem instrumento musical
Meu poema é o som do meu eu em ruínas

Essas duas linhas me tocaram fundo. Um poema pode ser uma ode à esperança e à alegria, mas também pode conter o som que se ouve quando o coração de alguém se parte ou quando seus alicerces tremem. Quanto mais alto o som, mais forte ele ecoa no coração do leitor. Ghalib foi o último poeta do império mongol na Índia e ainda hoje é o maior representante da poesia escrita em urdu, língua original da maior parte dos seus poemas.

Eu quase esquecera Mirza Ghalib e seu dístico, quando, tempos depois, olhando uns cartões-postais que trouxera da Índia, encontrei um que me fez relembrar o autor, com a imagem de um telhado abobadado com arabescos, sobrevoado por pombos numa revoada. Ao pé do cartão-postal havia outro dístico de Mirza Ghalib. Eu o comprara porque havia gostado do edifício de mármore com adornos azul-turquesa, mas não me lembrava exatamente de quando o adquirira quando li o poema pela primeira vez:

Em tudo tu te fazes presente
Mas nada é como tu

Quando estamos apaixonados, todas as coisas, todas as paisagens, tudo o que vemos nos lembra a pessoa amada. A inclinação dos galhos das árvores, o cheiro do vento e até a forma como as estrelas vão sumindo lentamente ao alvorecer. Mas será que alguma dessas coisas é capaz de preencher o vazio que existe dentro de nós quando o outro não está presente? Nada nem ninguém pode preencher a ausência da pessoa amada. O mesmo se aplica a Deus.

Dias depois, ao folhear a revista *Shambhala Sun*, deparei com outro dístico de Ghalib:

Deixa os pássaros levantarem voo
Teu pássaro voltará a ti

Por que queremos impedir que as coisas aconteçam? Deixe ir aquilo que quer ir e acabar aquilo que quer acabar. O que nos pertence voltará. O sofrimento não é causado por quem nos deixa, e sim pela nossa mente, que prende aquilo que deveria soltar.

Seguindo a tradição das castas superiores, Mirza Ghalib casou-se aos 13 anos e, aos 30, já era pai de sete filhos, porém nenhum deles sobreviveu para chegar à idade adulta. Muitos dos seus poemas fazem alusão a esse sofrimento. Numa de suas muitas cartas, ele confessou que sua primeira prisão era a vida, e a segunda, o casamento.

Era como se uma entidade tivesse colocado no meu caminho sinais para me fazer lembrar de Ghalib. Num dia de verão, eu estava caminhando pelas vielas labirínticas da Velha Délhi quando um homem de meia-idade se aproximou.

– Ghalib Habelli? – perguntou, apontando para uma viela. Parecia pensar que eu estava procurando o lugar.

Entrei na viela e vi um idoso – pela aparência, um pedinte – em frente a uma casa igualmente antiga, com as palavras escritas "Ghalib Habelli" na parede. O velhote se aproximou de braços abertos, disse algo em híndi e pediu esmola. Ouvi atentamente e perguntei a um homem que passava o que ele estava dizendo. Era outro dístico de Ghalib:

Não tente ler a mão
Até um homem sem mãos tem destino

Descobri que aquela era a casa onde Ghalib tinha vivido, escrito seus poemas e, no fim, partido desta vida, num quarto com uma janelinha. As paredes da casa estavam repletas de folhas com seus poemas pendurados, e, nos quartos, havia uma pequena exposição de seus objetos e um livro grosso, escrito à mão, com seus poemas. Ghalib prestou serviço de poeta da corte ao imperador mongol, mas acabou no cárcere, acusado de difamar Sua Majestade.

A alegria da gota d'água se perde no mar
Um sofrimento se transforma em remédio, transcende
a si mesmo

Foi a primeira vez que visitei "Ghalib Habelli" – a casa de Ghalib –, embora já tivesse estado muitas vezes na Velha Délhi. Fiquei admirado por não saber da existência do lugar. Existem sinais que estão diante dos nossos olhos, mas não os reconhecemos. Quando os descobrimos, ficamos surpresos.

Quando as coincidências se repetem, transformam-se em destino. Shujaat Khan, grande músico indiano, me deu um CD com uma de suas músicas. Era um dístico musicado de Ghalib:

Vale a pena morrer por mil desejos
Satisfiz muitos, mas restam tantos outros

Atualmente, estudiosos do mundo inteiro debatem os poemas de Ghalib, muitos dos quais foram musicados. Contudo, em vida, poucas pessoas se interessavam por ele e não entendiam sua poesia. Por muitas vezes ele foi criticado e mal-entendido, e sua produção exprimia a frustração que sentia:

Deus, as pessoas não entendem as minhas palavras,
jamais as entenderão
Dê a elas outro coração ou permita-me falar de outra forma

Aonde quer que eu fosse, o que quer que fizesse, os poemas de Mirza Ghalib apareciam em livros, em conversas, na parede de uma pousada e nas músicas de cantores como Nusrat Fateh Ali Khan e Jagjit Singh. O hotel onde fiquei hospedado em Calcutá ficava na rua Mirza Ghalib, batizada em homenagem ao poeta, que conheceu a cidade aos 30 anos e disse que era "um lugar como o Céu".

Foi na periferia de Calcutá que descobri a livraria Oxford, que vendia diversos livros de Ghalib. Mesmo sem procurar Mirza Ghalib conscientemente, eu me deparava com ele a todo momento. Quando o descobri, nasceu uma vibração que atraiu mais vibrações, e daí começaram a surgir sinais constantes, até que a mensagem se tornou tão clara que não pude mais ignorá-la. Decidi reunir os poemas de Mirza Ghalib, traduzi-los para o coreano e a publicá-los em um volume.

No romance *O alquimista*, de Paulo Coelho, o pastor Santiago parte em busca de um tesouro, com o qual sonha constantemente. Depara-se constantemente com a palavra "sinal". O velho rei o aconselha:

– Continue atento aos sinais. – Eles estavam por toda parte e lhe mostrariam o caminho. – Para chegar a ele, você terá que seguir os sinais. Deus escreveu no mundo o caminho que cada homem deve seguir. É só ler o que ele escreveu para você.

Uma conhecida minha também escutou os sinais deixados em seu caminho – um gorro de alpaca, um grupo de índios dançando numa festa de rua, um documentário na TV, um diário de viagem e muitas outras coisas e experiências que pareciam apontar na mesma direção. Por fim, pediu demissão do emprego e viajou para o Peru, onde passou quatro anos. Quando a reencontrei na Coreia, ela havia se tornado peruana. Irradiava uma refrescância indomável, como se tivesse descoberto a vida que sempre quisera. Continua se deixando guiar pelos sinais que Deus coloca no seu caminho.

Para mim, esses sinais são um "segredo às claras", pois são evidentes para quem está preparado para vê-los. Permanecem escondidos dos outros. Essa é a forma de Deus nos enviar mensagens. Ele não as esconde. Só não reparamos nelas porque nos distraímos com coisas sem importância.

Voltaremos a nos ver no último dia de todos,
dissesse tu, quando me deixaste
Como se o último dia de todos fosse só mais um dia,
que gracejo cruel

Será que o dia em que a pessoa amada me deixa não é o último dia de todos?

Não foi só na tradução dos poemas de Mirza Ghalib que me deixei guiar pelos sinais. Sou grato a eles pelas maiores conquistas da minha vida. Sempre que prestei atenção, confiei e os segui, algo de bom aconteceu, mesmo que não necessariamente fossem sinais concretos: os projetos que saíam da minha cabeça se mostravam difíceis de concretizar, em sua maioria, ao passo que os verdadeiramente esplêndidos começaram sem minha intervenção ou sem que eu os planejasse.

Rumi escreveu: "Permita-se arrastar silenciosamente pela atração daquilo que você ama de verdade. Você não irá se perder no caminho."

Preste atenção nos sinais que Deus deixa para você encontrar seu destino, mesmo que o caminho seja sinuoso. Às vezes vai parecer que o traçado é determinado pelas árvores onde estão os sinais, mas tenha certeza de que você não se perderá. As orientações e os sinais estão por toda parte, mesmo que nem sempre os vejamos – no dia a dia, nas conversas e também à noite, nos sonhos.

Sente-se ao pé de uma árvore, feche os olhos e pense nos lugares por onde passou. Algum sinal atraiu seu olhar? Você leu alguma frase num livro que folheou por acaso e que poderia ter mudado sua vida? Você se lembra do momento em que essa frase tomou conta do seu coração?

As flores me ensinam a desfrutar
aquilo que vale a pena ser visto no mundo
Só posso ver todas as cores com os olhos abertos

Ter espiritualidade é ver os sinais do dia a dia. Eles nos atingem como um raio. Se estivermos abertos a eles, um novo destino se abrirá diante dos nossos olhos. Mirza Ghalib escreveu: "Que eu seja atingido por este raio!"

Epílogo
Uma dádiva dos céus

Um comerciante iraniano estava planejando uma longa viagem de negócios à Índia e, como era uma pessoa generosa, prometeu voltar com presentes para a família e os funcionários. Eles só precisavam dizer o que queriam. A lista foi crescendo: roupas, especiarias, joias, etc. Em sua loja havia um papagaio que falava fluentemente. Cantava bem, era inteligente e conversava com os clientes, de modo que chegava a ser importante para as vendas. Além de tudo, a ave tinha um lugar especial no coração do comerciante.

O pássaro não queria nenhum presente, mas fez um pedido: "Quando estiver na Índia, vá ao roseiral que vou lhe indicar. Morei lá antes de ser capturado por um traficante de aves e trazido para cá. Diga aos meus amigos que hoje eu moro numa cidade grande, numa gaiola maravilhosa, e que meu dono me ama acima de tudo. Conte a eles que entretenho as pessoas com meu canto e que você me alimenta com a melhor comida; só não posso voar para onde quiser. Como eu gostaria de estar em liberdade no roseiral! Mas estou preso nesta gaiola. Peça a eles que pensem em mim quando sobrevoarem as copas verdejantes das árvores e respirarem o aroma maravilhoso das flores."

O comerciante prometeu que transmitiria a mensagem.

Um mês depois, após fazer seus negócios e comprar todos os presentes para a família e os seus funcionários, o comerciante foi ao roseiral, onde encontrou papagaios iguais ao que tinha em casa. Quando transmitiu a mensagem, um dos papagaios gritou, estremeceu e caiu morto no chão.

O comerciante presumiu que o papagaio não havia aguentado o choque da triste notícia sobre seu amigo. Quando voltou ao Irã, contou ao papagaio o que acontecera no roseiral. Ele também gritou, estremeceu, caiu de lado e morreu.

Foi um duro golpe para o comerciante. Ele se sentia culpado, afinal tinha transmitido as más notícias. Com muita dor no coração, levou a gaiola para o quintal, abriu um buraco e acomodou o pássaro na terra. Mas nesse instante o papagaio começou a voar e pousou num galho alto de uma árvore. Assustado, o comerciante berrou:

– Como é possível? Você estava morto!

– Meu amigo na Índia me mostrou o caminho para a liberdade – respondeu o papagaio. – Se eu canto e falo muito bem, dou alegria às pessoas, mas elas me trancafiam numa gaiola! Ele disse: "As palavras de carinho do seu dono e a comida cara que ele lhe dá são as suas grades. Abra mão disso, e você será livre."

O comerciante acenou com a cabeça.

– Que Deus o proteja! Voe em paz para onde quiser. Você também me mostrou para onde devo ir, e começarei a me preparar para essa viagem esplêndida a partir de agora.

Nós também estamos sentados, inertes e acomodados na nossa gaiola a ponto de nos esquecermos de como é o céu azul? Será que algum dia já voamos livres de fato?

Assim como aconteceu com o comerciante, toda vez que termino uma obra, faço uma viagem para me preparar para meu próximo livro. Desta vez vou voltar à Índia. Diga-me o que quer que eu lhe traga de lá, e eu trarei.

CONHEÇA ALGUNS DESTAQUES DE NOSSO CATÁLOGO

- Augusto Cury: Você é insubstituível (2,8 milhões de livros vendidos), Nunca desista de seus sonhos (2,7 milhões de livros vendidos) e O médico da emoção
- Dale Carnegie: Como fazer amigos e influenciar pessoas (16 milhões de livros vendidos) e Como evitar preocupações e começar a viver
- Brené Brown: A coragem de ser imperfeito – Como aceitar a própria vulnerabilidade e vencer a vergonha (600 mil livros vendidos)
- T. Harv Eker: Os segredos da mente milionária (2 milhões de livros vendidos)
- Gustavo Cerbasi: Casais inteligentes enriquecem juntos (1,2 milhão de livros vendidos) e Como organizar sua vida financeira
- Greg McKeown: Essencialismo – A disciplinada busca por menos (400 mil livros vendidos) e Sem esforço – Torne mais fácil o que é mais importante
- Haemin Sunim: As coisas que você só vê quando desacelera (450 mil livros vendidos) e Amor pelas coisas imperfeitas
- Ana Claudia Quintana Arantes: A morte é um dia que vale a pena viver (400 mil livros vendidos) e Pra vida toda valer a pena viver
- Ichiro Kishimi e Fumitake Koga: A coragem de não agradar – Como se libertar da opinião dos outros (200 mil livros vendidos)
- Simon Sinek: Comece pelo porquê (200 mil livros vendidos) e O jogo infinito
- Robert B. Cialdini: As armas da persuasão (350 mil livros vendidos)
- Eckhart Tolle: O poder do agora (1,2 milhão de livros vendidos)
- Edith Eva Eger: A bailarina de Auschwitz (600 mil livros vendidos)
- Cristina Núñez Pereira e Rafael R. Valcárcel: Emocionário – Um guia lúdico para lidar com as emoções (800 mil livros vendidos)
- Nizan Guanaes e Arthur Guerra: Você aguenta ser feliz? – Como cuidar da saúde mental e física para ter qualidade de vida
- Suhas Kshirsagar: Mude seus horários, mude sua vida – Como usar o relógio biológico para perder peso, reduzir o estresse e ter mais saúde e energia

Para saber mais sobre os títulos e autores da Editora Sextante,
visite o nosso site e siga as nossas redes sociais.
Além de informações sobre os próximos lançamentos,
você terá acesso a conteúdos exclusivos
e poderá participar de promoções e sorteios.

sextante.com.br